化成整体生命智慧

毓老师说管子

爱新觉罗·毓鋆/讲述
陈絅/整理

花山文艺出版社

图书在版编目（CIP）数据

毓老师说管子 / 爱新觉罗·毓鋆讲述；陈絅整理. —石家庄:花山文艺出版社，2019.8（2020.8重印）

ISBN 978-7-5511-4811-5

Ⅰ.①毓… Ⅱ.①爱… ②陈… Ⅲ.①法家 ②《管子》—研究 Ⅳ.①B226.15

中国版本图书馆CIP数据核字(2019)第153535号

书　　名：毓老师说管子
讲　　述：爱新觉罗·毓鋆
整　　理：陈　絅

责任编辑：梁东方
责任校对：林艳辉
美术编辑：陈　淼
装帧设计：棱角视觉
出版发行：花山文艺出版社（邮政编码：050061）
（河北省石家庄市友谊北大街330号）
销售热线：0311-88643221/29/31/32/26
传　　真：0311-88643225
印　　刷：三河市嘉科万达彩色印刷有限公司
经　　销：新华书店
开　　本：880×1230　　1/32
印　　张：6.5
字　　数：160千字
版　　次：2019年9月第1版
2020年8月第2次印刷
书　　号：ISBN 978-7-5511-4811-5
定　　价：45.00元

扫一扫，进入课程

凡例

一、毓老师于2000年3月至8月在台北奉元书院讲授《管子》七篇。

二、采用教本为唐尹知章注、清戴望校正《管子校正》（台北：世界书局，1990年）。

三、文本以宋三体呈现，如“**齐僖公生公子诸儿、公子纠、公子小白**”；注解以细黑体呈现，如“大臣，谓以大事匡君”；师尊讲述以宋一体呈现；文本字词解释、引文出处均以括号内楷体小字表示。

四、为助大众深入阅读，文中有关背景及说明，以仿宋体呈现（参考网络及相关著作者，略交代出处），如“吏部为管理文职官员的机关”。如有疏漏之处，尚祈指正。

目录

刘向《管子书录》

（《全汉文》卷三十七）

管仲少时，尝与鲍叔牙游，鲍叔知其贤；管子贫困，常欺叔牙，叔牙终善之。鲍叔事齐公子小白，管子事公子纠；及小白立为桓公，子纠死，管仲囚；鲍叔荐管仲。

管鲍之交。此段看管子如何交友、处友？

无论什么事都得人去做，如无志同道合的同志怎么做事？对自己真的朋友如何？检讨之，何以无成？事在人为。要练达知人、容人，不违背人性做事，有容人之量、识事之明。但前提要有自知之明，如自己都不认识，焉知自己的价值何在、活着有何意义？“富润屋，德润身”“十目所视，十手所指，其严乎？”（《大学》）

管仲既任政于齐，齐桓公以霸；九合诸侯，一匡天下，管仲之谋也。

故管仲曰："吾始困时，与鲍叔分财，多自予；鲍叔不以我为贪，知我贫也；尝为鲍叔谋事，而更穷困，鲍叔不以我为愚，知我有利有不利也。公子纠败，召忽死之，吾幽囚受辱，鲍叔不以我为无耻，知我不羞小节，而耻功名不显于天下也。生我者父母，知我者鲍叔。"

中国以"天下"为量，耻功名不显于天下也。中国无际界观，独立并非中国思想。读这么多书，怎还如此浑？"无耻之耻，无耻矣！"（《孟子·尽心上》）

鲍叔既进管仲，而已下之。子孙世禄于齐，有封邑者十余世，常为名大夫。

我最近心里不愉快，因学生不知自己不仁。看人如何处朋友，好汉不怕出身低，管子道其年少时与鲍叔之交。不懂为人之道，焉能成事？事在人为。百密有一疏，有利有不利。

将我选的句，抄成笔记，时常看，先练达自己知人、容人。因自己识德，所以不违背人性做事，虽出纰漏，乃百密一疏。

管子既相，以区区之齐在海滨，通货积财，富国强兵，与俗同好丑，故其书称曰："仓廪实而知礼节，衣食足而知荣辱，上服度则六亲固，四维不张，国乃灭亡。下令如流水之原（源），令顺人心，故论卑而易行。俗所欲，因予之；俗所否，因去之。其为政也，善因祸为福，转败为功；贵轻重，慎权衡。"

"论卑而易行"，将高深学问讲得通俗，最难！此为政之道。你们永不开窍！

"俗所欲，因予之；俗所否，因去之"，"因"字即"民之所好好之，民之所恶恶之"。何以要因？"因民之所利而利之，斯不亦惠而不费乎？"（《论语·尧曰》）你不喜的我拿掉，一点麻烦也没有。"费"，费神，费事，费钱。见机行事，不可以呆头呆脑。以前，我与师母到东京银座，没用过钱。

因"惠而不费"，就不必另起炉灶。解释了半天，百姓犹不明白，应与俗同好恶。控制民气不易，压一次，费力、麻烦，压扁得费，非因。要知道怎么读书。

"其为政也，善因祸为福"，"善"，最会；"为"，成。"因祸为福，转败为功"，今天如懂此八字，就会舒服。我讲《管子》，要你们因祸为福。

"贵轻重，慎权衡"，什么是权衡、轻重、是非、善恶、黑白……？轻重、权衡，非真的标准，唯"准"为真的标准。准，

《说文》云:“准，平也。”《汉书·律历志》曰:“绳直生准。准者，所以揆平取正也。”水“盈科而后进”(《孟子·离娄下》)，故能平天下之不平，水平、水平；准，均也,《周礼·冬官考工记》曰:“权之,然后准之。”准,则也,《易经·系辞传》曰:“易与天下准。”环境不同，轻重、权衡亦不同。唯有准，放诸四海而皆准。以生惠民,以生民之道去敦化。管子化民的入手方法:“论卑而易行。俗所欲,因予之;俗所否,因去之。”区区几句话,乃管子成功之钥;进而善“因祸为福,转败为功”。所以“拟君”,百姓不以为耻，因“小人怀惠”也。

人要不守正，什么都守不住。改造、革命，都比创新难!我教你们读棋谱，要下功夫。

“下令如流水之原(源)”，不可以如做梦，言之无源，无根无据。

“令顺人心，故论卑而易行。”不要唱高调，作秀，净讲新名词。

我说很多，务必仔细，慎重。不用心思，读什么也没用。得练达用心思，必自己下功夫。

读书必抓住要点，但不可以索隐行怪，必依经解经。“学则不固”(《论语·学而》)，学就不固陋、顽固。为政以德，“居其所而众星共之”(《论语·为政》)。净耍术,下场如何自己知。任何一东西都要深思。手戴念珠，却是杀人要犯，是谁之过?

“小德川流”，影响特别小；“大德敦化”，才能化世。大德是什么？必了解才能修成敦化之德。“天地之大德曰生”（《易经·系辞下传》），“大人者，与天地合其德”（《易经·乾卦·文言》）。

孔子曰：“微管仲，吾其被发左衽矣！”

《论语·宪问》二章应注意：

子贡曰：“管仲非仁者与？桓公杀公子纠，不能死，又相之。”对管仲有微词。子曰：“管仲相桓公，霸诸侯，一匡天下，民到于今受其赐。微管仲，吾其被发左衽矣！”孔子多么歌颂管子之德！说之所以没有成为野蛮人，就因为管子。“若匹夫匹妇之为谅也，自经于沟渎，而莫之知也。”管子之德不同于匹夫匹妇之小诚小信。

子路曰：“桓公杀公子纠，召忽死之，管仲不死。”曰：“未仁乎？”子路亦用传统思想，质疑管仲。子曰：“桓公九合诸侯，不以兵车，管仲之力也。如（乃）其仁！如（乃）其仁！”赞美管仲之仁德。

孔子“忠”的观念，与弟子“传统之忠”的观念不同。孔子“疾固也”（《论语·宪问》），而弟子则“固疾也”，守得一成不变。学生真了解老师思想的有几人？如子贡之聪明，也如此。

张荣发跑单帮，有“亿则屡中”（《论语·先进》）之智。台湾人的长处，就是谁的话也不信，所以五十年在台没作用，学生无一听我之言，很固，所以我讲“疾固”。

以孔子思想而言，如管子为孔子学生，早就成就大一统之业了。可惜管仲纠合诸侯以后，就满足了，故功业之卑，叹“管仲之器小哉”（《论语·八佾》）！大器，天下为公；小器，阴疑（拟）于阳，臣疑（拟）于君，权臣。如此串，岂不比传统注解活？将精华集合在一起，可以应世。

孔子要“新”天下，“其命维新”（《大学》引《诗》），所以要破“固”。我讲“学而时习之”（《论语·学而》）时，留一大伏笔。

何以没有成就？因为没有合作，就尔虞我诈，谁也不相信谁。在这块土有成就很难，太固了！如无法解这个固，就没有办法。

“学而时习之”，“不可为典要”，“典要”即固。不能有固，所以要“毋固”（《论语·子罕》）。今天几人不在范畴里活？迈几个大步，就有人说是非了！“唯变所适”。什么都有一套术。

《孟子·梁惠王上》问齐桓、晋文之事，孟子言王不言霸，说：“仲尼之徒无道桓、文之事者，是以后世无传焉。臣未之闻也。无以，则王乎？”管子是霸道。想达大道，中间必经霸道。

中国政治思想与实践，均源自《管子》。王介甫（王安石），失败的例子。我的看法有时与熊十力亦不同，熊十力讲王道、大道时分不清。“齐一变至于鲁，鲁一变至于道”（《论语·雍也》），“以鲁当新王”，鲁为王道，由王道再进而为大道，“大道之行也，天下为公”（《礼记·礼运》）。

细心深求，才能有用。看一东西，结论不同，方法有别也。必深深地练习，知道怎么看一东西抓住要点。我无事在屋中净琢磨，将《四书》《五经》全串在一起。你们必要下真功夫，否则什么也得不到。

人都求成功，没有不找人才，你必要有惊人的地方。人的才能差不多，视有无“精一”的功夫。精，得一，“惟精惟一，允执厥中”（《尚书·皋陶谟》）。不是人不用你，而是你无惊人之处！

太史公曰：“余读管氏《牧民》《山高》《乘马》《轻重》《九府》，详哉其言之也。”

《孟子·公孙丑上》称：“管仲以其君霸，晏子以其君显。”

太史公读书了！《史记·管晏列传》云：“太史公曰：吾读管氏《牧民》《山高》《乘马》《轻重》《九府》，及《晏子春秋》，详哉其言之也。既见其著书，欲观其行事，故次其传。至其书，世多有之，是以不论，论其轶事。管仲世所谓贤臣，然孔子小之。岂以为周道衰微，桓公既贤，而不勉之至王，乃称霸哉？语曰：‘将顺其美，匡救其恶，故上下能相亲也。’岂管仲之谓乎？方晏子伏庄公尸哭之，成礼然后去，岂所谓‘见义不为无勇’者邪？至其谏说，犯君之颜，此所谓‘进思尽忠，退思补过’者哉！假令晏子而在，余虽为之执鞭，所忻慕焉。”管子、晏子的书要注意，《论语》中孔子提及此二人。

又曰：“将顺其美，匡救其恶，故上下能相亲爱，岂管仲之谓乎。”

“顺”，坤“顺承天”（《易经·坤卦》）。“匡”，正也。

夫妇关系固然近，但失格对你亦没信心，忍耐活，不过为了孩子。夫妇之近，何以同床异梦？两人在一起是不得已，可见爱是多么难。一般人就混着活，真有人的真滋味？真，没有多少。看《浮生六记》，夫妇也得处之以道。

《九府》书民间无有，《山高》一名《形势》。

《盐铁论·轻重》曰：“管仲设九府，徼山海也。”《尔雅·释地》“九府”曰：“东方之美者，有医无闾之珣玗琪焉；东南之美者，有会稽之竹箭焉。南方之美者，有梁山之犀象焉；西南之美者，有华山之金石焉。西方之美者，有霍山之多珠玉焉；西北之美者，有昆仑虚之璆琳琅玕焉。北方之美者，有幽都之筋角焉；东北之美者，有斥山之文皮焉。中有岱岳，与其五谷鱼盐生焉。”

《形势》篇，“形势”为篇中之非宗旨；“山高”则为篇中首句：“山高而不崩，则祈羊至矣。”尹知章注：“自天地以及万物，关诸人事，莫不有形势焉。夫势必因形而立，故形端者势必直，状危者势必倾。触类莫不然，可以一隅而反。”

凡《管子》书，务富国安民，道约言要，可以晓合经义。

“道约言要”，事核言练。

立身处世，处人先弄清，再谈其他。人必有二三知己，如有二三知己，就足以安人。取胜，在乎有没有脑子，不在乎会骗。

“圣人之大宝曰位，何以守位曰仁”（《易经·系辞下传》），圣人有位，“知进退存亡，而不失其正”（《易经·乾卦·文言》），“为人君，止于仁”（《大学》），“恭己正南面而已矣”（《论语·卫灵公》），守位，此即大宝曰位。都串在一起，才懂为之方。

与民同好恶，乃“因祸为福，转败为胜”。管子“九合诸侯，不以兵车”，即生之道。政治家必是哲学家，内圣外王兼备，表里如一。乾坤，一物之两面。元，含乾元、坤元。

怎么进入实学境界？非空的。天地没位，无所不在，故处处在。天地稍一失位，就不育了。天地无所止，即无处不止，"天地位焉，万物育焉"(《中庸》)。守位曰仁，人一失位则不仁。"素其位而行，不务乎其外"(《中庸》)，"不在其位，不谋其政"(《论语·泰伯》)，思不出其政。

今天环境繁复，应想得比《孙子》完整。《孙子》语无伦次，可一句一句用。把持源流，能树立很多东西。传统东西一细想，深得不得了，如中国字，有本义，有引申义。有用智慧不能用于无用之处，求实用，坐着慢慢想。今人一有所得，马上放弃所有的原则。究竟是信仰，抑或饵食？

我讲《管子》，乃有所感，首讲学的方法。真想学，必练习执笔。马尾穿豆腐，提不起来，不值得一提！有些连"言中有用"，都没有。稍用点心机，能不排上辈？你们无术，又不懂群、组织，不知我是怎么领导同学的。一小单位叛变，绝不影响大局。组织就是力量，八旗制度真有智慧。旗人聪明，发明许多玩意儿，但不走正路，专走偏锋。

衣食不足，还有什么荣辱可言？社会就是钓鱼。无论什么时候，亲兄弟也常有不愉快，如舌头也会碰到牙。

真有志，必得能立身，要有方向，知自己要干什么，立下目标定会成功，就怕随遇而安。有志，合作，三人即能强齐。学子书，为实用，用以练脑。用心机不见得坏，同学太老实，忠厚是德，老实则是无用的别名。讲完要温习，我要按类讲，你们串在一起。读了，加上胆，没人干过你。训练老学生，真想用事。

《管子》思想绝对系统，想得多。《易经》更时髦，但被滥用。练习为文，了解多少写多少，留下，然后不断地改。必言有所依据，所言无一不有依据。用中国传统观念写社会学，理论用不上，没用。将政事变成己事，因祸为福，证明自己有智、有才。政客顺水推舟，焉有才？

“准社”写政事，负历史责任，绝不许有背景，会有立场。成“准匮”，随时做。做自己分内事，发挥之。传统东西太高深，但难以看懂。

《说文解字》《康熙字典》要时常翻阅。我注一遍《十三经不二字》，可惜遗失了。我举为学的例子，应特别注意，如学而时习之、孔子疾固。懂得为学的方法，知道古人说些什么。我们要奉元，再研究自己今天应说些什么。生活环境背景不同，圣之时者。易，生生，刹刹生新，没有时间性，尊之，故称经。

你们常常把人人必做的事，变成罪恶，没有脑子才相信。正常事，何必鬼鬼祟祟的！要心地坦荡荡。

出书的，没有几个不是抄的，也是贼。不以现在事印证，怎么知道应世？今后想在这块土上有成就，不立人格，这帮人即为前车之鉴。百姓易于感情用事，应实事求是，为这块土立个规范，但得是正人君子，心地坦荡荡。

斗方开始，你们要学。衮衮诸公，无脑焉有思想？坐着瞪眼说梦话，应到外面多验证。

扫一扫，进入课程

《管子》文评

刘勰曰：“管、晏属篇，事核而言练。”

“属（zhǔ）篇”，作文章，成篇。

“事核而言练”，“核”，得实，无一点不雅、言中无物。“练”，烂也，简练，多费工夫。无验证，焉能核？人一天在事中、言中。

杜佑《指略》序云：“予读仲书，见其谨政令、通商贾、均力役、尽地利。既为富强，又颇以礼义廉耻化其国俗，如《心术》《白心》诸篇。亦尝侧闻正心、诚意之道。其能一天下，致君为五霸之盛，宜矣！”

“均力役”，大事治国平天下，小事在一团体内，不可以劳逸不均。“均力役”，虽只三个字，可有深意。了解管子在那个环境怎么做，从要点中找出要点，看其究竟说些什么。

“以礼义廉耻化其国俗”，想成事必立本，本立而道生。管子“一天下”，是以“道”为本。本不立，技术也得不到。

一统，不急，就统了，因一而统，因一而统天下，天下一家。管子功业，“一天下”，本道德来，立国之本。“一天下”，以道为本，不是骗来的。就是想骗个女朋友，也都得有点机术，皆专学也。当初估价过高，事后知道低，绝对离。

“不可为典要，唯变所适。”耐心，好好学个结果。这块土不能再全由这帮人耍。

苏子瞻曰：“尝读《周官》《司马法》，得军旅什伍之数。其后读管夷吾书，又得管子所以变周之制。盖王者之兵出于不得已，而非以求胜敌也。故其为法，要以不可败而已。至于桓、文，非决胜无以定霸，故其法在必胜。繁而曲者，所以为不可败也；简而直者，所以为必胜也。”

“繁而曲者，所以为不可败也；简而直者，所以为必胜也”，指哪儿打哪儿。大本不立，这个技术也得不到。要想成事，必先立本，本立而道生，无一空言。一点基础都没，书看得懂？读《易经》，真是易惊！读完一年，就发神经。“三顾茅庐”岂是你说的？有学问？

我要死，得先作个碑文刻好，否则连碑文都没。

怎么找几个同志？同志得牺牲，焉能争？

人家当我们活宝耍，连杂碎来都大摇大摆。说他们是畜生，黑狗都反对。现应做什么？说话之不客气！公然说，如不用点脑，不一定用兵，但结果绝不叫我们舒服。既在这块土，应过舒服生活，要怎么办？

杨忱序曰："《管子》论高文奇，虽有作者，不可复加一辞。"

张嵲曰："《管子》，天下奇文也。《心术》《白心》上下、《内业》诸篇，是其功业所本。"

《心术》《白心》上下、《内业》诸篇，在养智、养生机。管子很享受，懂得培自己的生机。必养生机，精神不足要注意。

《心术上》"心也者，智之舍也""心术者，无为而制窍者也""毋先物动，以观其则。动则失位，静乃自得""静之而自治""静则精，精则独立矣。独则明，明则神矣。神者，至贵也"。

《心术下》"人能正静者，筋肕而骨强""正静不失，日新其德"，《内业》"能正能静，然后能定。定心在中，耳目聪明，四枝坚固，可以为精舍"。

《白心》"圣人之治也，静身以待之""外敬而内静者，必反其性”“和以反中，形性相葆，一以无贰，是谓知道”“和则能久”。

管子用道家功夫化自己，《心术下》“凡民之生也，必以正平”“专于意，一于心，耳目端，知远之证，能专乎？能一乎？能毋卜筮而知凶吉乎？能止乎？能已乎？能毋问于人，而自得之于己乎”“内聚以为泉原，泉之不竭，表里遂通”。用忍，绝对伤身；必用化，“化育万物”。

扫一扫，进入课程

前言

《管子》一书，虽非管子所写的，然确有管子之言；后列入法家，因法家自管子出。法家所用术不一，韩非不同于商君。《管子》难读，必要细心读。

《管子》集法治之大成。智慧够，整理法家，看是否与上下合文。法家谁都不相信。中国人搞政治，伪君子皆阳儒阴法。

孔子列管子入儒家。必重视孔子在《论语》中对管仲的评语："管仲相桓公，霸诸侯，一匡天下，民到于今受其赐。微管仲，吾其被发左衽矣。岂若匹夫匹妇之为谅也，自经于沟渎，而莫之知也。""桓公九合诸侯，不以兵车，管仲之力也，如其仁！如其仁！"（《论语·宪问》）

读一东西，必要知正、反两面，成功、失败的例子都要知。如读《管子》，必配合王介甫文集（王安石《临川先生文集》），一正一负对着读。读书、看任何东西，必知要点之所在。学《管子》，非讲《管子》，要学会怎么用智慧，此学之方法。

政治上焉有道义？就讲术，视谁棋高一着，故曰“无所不用其极、无入而不自得”。有什么机会，不会用智慧，能应付？要利用环境，环境绝对与人有关。

必自“学”入手，“学而时习之”，所包含的意义深。我讲学，针对时事。昨天发生，今天讲，为了实用，要解决问题。子书必学，不知哪一天就用上了。以现代事印证所学，看能看出几分。看时事，读史书，必对照读。

读书人责任在拨乱反正，读书贵乎能解决问题。不要怕事，有事，就叫它来个见真章。今天要的是真智慧，但智慧也要学正格的。人最要的是学思想，有思想就能为文，“行有余力，则以学文”（《论语·学而》），学经纬天地，做政治家，不是作文章。

管子善“因祸为福，转败为功”。管子成功之钥，在“论卑而易行。俗所欲，因予之；俗所否，因去之”，进而“因祸为福，转败为功”。将高深学问讲得通俗，最难！“论卑而易行”，“易则易知，简则易从”（《易经·系辞上传》），才有力量。

儒家讲性不同，有性善说、性恶说。孟子与荀子，立说不一，发展乃有别。老、庄并列，其实老子与庄子所讲不同。孔子说“性相近，习相远也”（《论语·阳货》），要“学而时习之”，孔子一上台，即杀少正卯。

董子以性可善可恶，重视恶的环境，要除天下之患。《春秋繁露·盟会要》曰："贵除天下之患，故《春秋》重而书天下之患遍矣。以为本于见天下之所以致患，其意欲以除天下之患，何谓哉？天下者无患，然后性可善；性可善，然后清廉之化流；清廉之化流，然后王道举。礼乐兴，其心在此矣。"

学东西贵乎熟，熟能生巧，深入琢磨，"通"了以后，才能活用。

"管子纠合诸侯，不以兵车"，深懂兵事也。"兵者，诡道也。"（《孙子兵法·始计》）必要留心现在的变。有抱负者，今正是显才能时。冷眼观，如何应世、应变？视你们的智慧而定，非谁好谁坏的问题。

一生最宝贵的，是能看到一切的"诡变"。细心，观察力自不同于一般人。不听别人说，从上至下看一遍，比《孙子兵法》有用。百年之变、举世之复杂无逾于此，人世之变！

中国皇帝多，但对人类有贡献者不出六人。今后中国也不会这么乱了！好好学，你们完全乃旁门左道。台面上的也不知今天明天。把大聪明拿出，绝对有用。

读多少书，完全用不上。没有智慧！没有点先见之明，谈什么？第一个问题要谈什么？如做买卖，得讨价还价。人必要多读书。

一个人要有先识，但今天已经来不及。都读《孙子》，哪个会用？谁又发挥作用了？仔细好好研究。依现在看，距我所想差很远。原认为十年不成问题，现在办不到。你们没有悟力，没有慧根，没办法了！

斗争？或讲学？发言如讲学，能战？同学太守分，书读得不错，但没有悟力。悟力，在于玩味。会背书，可以随时玩味。我小时候，先背书后听讲，至今犹可随时玩味。思之思之，鬼神通之。都一张白纸，无一够材料的。有耐力，领班而已，本性如此，非有才能。急躁者，一碰地雷马上应。

周旋，折旋，有些人无此智慧。我们的团体绝不许有背景，为不受疑。你们将来必得活，必有一准则，放于四海而皆准。最要不可有一“私”字，一有私，就有所偏，如何作准？在所有地方都要作准。没任何颜色，才能发挥作用，可为群众利益而谈。我在台五十年，绝对本色。第一得取信于人，非立信，得求信，如求职般。可能求一辈子，人亦不信！

我什么都经过，殖民地、亡国奴……看世事之诡，因人而变。知人多难！自知，知人，任人。

平时有三三两两小团体，如八旗制度，一团体只知道一件事，如丢掉一小团体，不影响大事。非我找你，是你找我。同学不一定是同志。不能因一粒老鼠屎，而坏了一锅粥。满族人何以能征服明朝？国愈弱，奸愈多，出卖团体。

你们没有头脑，就不懂自己不懂，知其不可为，也得为之。

一个人赶上几次“亡国”，何等有经验！将百年诡变写出。百年变局，举世所无，太宝贵了！我勉励你们：做天下第一等事。好好讲学亦天下第一等事，好好做，可以超过汉儒。我总赞美熊十力，他跑第一棒。今后必要复中国学问的本来面目。

一个人要有志，复本来面目。管仲不死，“如其仁，如其仁”，此为“忠”的标准。依此类推，要依经解经在此。思想、行为上，都得另立中国文化。

自存之道最重要。我自年轻至今，天天求自存之道，“亡国”时不做汉奸，做俘虏也不依附任何人。知我五十年怎么过，即知我怎么应世。必求自存之道，造就子孙。

熊十力说经书“被窜”了。我不谈“窜”，但不能不承认环境的历程。老同学进步多，在环境中就明白了。在事本身无对错，做时才有对错、是非。一有标签，就失去作用。同学未必是同志！

弱小民族更得守分，要立信，立德。到任何团体，你一进，人不言，即不信。有些人为自找出路，得多少人做汉奸。要以团体对团体，以组织对组织，团体、组织永不变。如圣洁，则永作准。

奉元书院永远有自己的风格，作奸犯科者决不纳入，至少可做一亮光。如人见你见利就忘义，如何求信？也没人信你。必要给人信心，真努力立了德，犹可以有生存之路，否则人人喊打。我认识二鬼子。

要有自觉心，不能不为子孙谋，要好自为之，必得用智慧。在这个时代好好树立个作风，书院要办下去，叫它发光作盐。

有些人就想借别人的肩膀，取得其生存目的。汉奸就是想出卖你们，以谋一己之福利。有些人被利用，犹不自知，一群傻瓜，可怜！唉！太可怜！太可怜！我在此五十年，不忍见别人出卖你们。

人愚，就有福。骗子，就利欲，无耻，皆势利小人。看什么人是势利小人，什么人是诡谋之士？明白了，才能防范。必立志，不能不为子孙谋。《诡变》是我书中最重要的一篇，但书中绝不记名，以符号作代表。

风潮过去，尘埃落定后，书院方向可决定。大师兄可接着讲学。至少要把书院变成台湾的一盏灯。

你们必做自己能做的事。我父亲常说："不要做自己不懂的事。"要做第一等事，如慈济。读书人是书呆子，不会经营，不懂得生产。

尘埃落定，我要做一等事。大家行有余力，帮点忙。行，非言。了解自己的环境，再做。求信，朋友信之。发光作盐，亮、不腐。要做，活一天，做一天。必知"始作俑"的王八蛋，不可以继续受骗。一个人没有地位，能混？

要为大局着想。"知其所以，则近道矣"，今此环境，还允许大变局？自安定中应敌都来不及，还乘人之危？就不明白，也应想一想。想来龙去脉，要特别想。有人杀戒特重，想求太平也办不到，慈悲心特别小，少想到别人。

一个人要自己有思想，对自己要严肃一点。自一立本，本不立，如何讲学？定于一，大一统，自“居正”开始。《学》《庸》（《大学》《中庸》简称，下同）的本经必要熟，好好造就几个讲学的。《学》《庸》要会背，必要写报告，下学年不能写报告者退学。好好读书，周日整理静园，筹备。

有些人之近视，太幼稚！太幼稚！太幼稚！绝对骂名千载，求荣，卖国。太可怕！太可怕！有些人净斗气，最后谁吃亏了？

以盗为患，问于孔子。子曰：“苟子之不欲，虽赏之不窃。”（《论语·颜渊》）“苟”，诚，真的。“不欲”，为大本。李十二年，前车之鉴；扁，有过之无不及。人必要学，身败名裂还做梦？

孔子对“善”的观念运用很多，如“子为政，焉用杀？子欲善而民善矣”（《论语·颜渊》），“善人为邦百年，亦可以胜残去杀矣”“善人教民七年，亦可以即戎矣”（《论语·子路》），“止于至善”（《大学》），“元者，善之长”（《易经·乾卦·文言》）。老子则称“上善若水”。研究其所以，“知其所以，则近道矣”。每字必要深入，亦步亦趋，必心平气和坐着好好读书。喝茶、焚香，看书！

把握时，“时至而不失之”。不知培养人才，如何成就事业？

自人的一举一动，可窥知其人。在人面前失去信用，一辈子不用你。偶一不慎，给你大教训。武则天不错，老年差。西太后忘了，自己死后尸不全。要有政治才能，不可以妄想。

可以学自己做主人。我做事都有坏的打算，既有方案也有对策。

《中庸》含无尽的智慧。真懂一章，都可以治国，好好下功夫，为往圣继绝学《论语》每一章，都够你修养一年。《论语·颜渊篇》中子张问“达”，孔子答：“夫达也者，质直而好义，察言而观色，虑以下人。”此为修养，没有修养，能成大事？每一章，都够你修养一年。

质直，“人之生也直”（《论语·雍也》），人都性善，有的好义，有的好色，所以结果不同。区别在“好义”与否，好义则可以成大人、圣人、善人。

“我知言，我善养吾浩然之气”（《孟子·公孙丑上》），比禅宗厉害！察言，自知言入手；观色，自养浩然之气入手。看人的表情，则知其说什么。

“虑以下人”，“虑”，虑深通敏。在我面前晃几遍，即知你在想什么，“人之视己，如见其肺肝然”。谦卑，下人，做孙子也得像。想居人之下，必得别人满意、舒服。下人，都得“虑以下人”。你们缺少“虑”的功夫，定、静、安、虑、得，虑以下人。

必要有上面这几步功夫，才能达。环境使然，得求，求学，记住一个“求”字。必学有担当，得学经验，要争抢着做事。《四书》弄好，无人干过你。

为苍生读书，为华夏，非只为台湾。“夏，中国之人”，“喜怒哀乐之未发，谓之中”，人最高的境界。华夏，日月以光华天下。读书真深入了，每句话都扣人心弦。

将已就木，要求正人君子，修身、立德。吃一块钱的亏，将来可以得无数的便宜！无论做什么，必得有中国人的智慧。殷商铜器之美！花纹、造型。心烦时，到“故宫”去消遣，感到自己的渺小。好好培养自己，多浏览最高的修为。你们连自己保命的知识都没！

我们有五六百个同学，每人一张观音像。成立人祖羲皇庙，要破除一切迷信，铸一鼎。人皇，光祖，华夏。

成立准社，发现问题，找材料，先自报纸入手，访问相关人物，作口述史，几年后，成为最宝贵的史料。

研究学问有其范围，夏学，非正襟危坐读书。开辟很多路，必要有基本修养功，立身，不可以见利忘义。自己内心的肮脏自己知，好好修。树，要每年修，才能成为栋梁之材。

《论语·颜渊篇》问“崇德、修慝、辨惑”，“崇德”，积德，“先事后得，非崇德与？”“修慝”，“恐惧乎己所不闻”，慎独，为“修慝”的功夫，“攻其恶，无攻人之恶，非修慝与？”“辨惑”，俗话说“娶一老婆，过了半个儿子”，为媳妇而忘了父母，“一朝之忿，忘其身以及其亲，非惑与？”

《论语》真明白，也不会做苟且之事，会自愧！一失足成千古恨，了解你，不接触你。有人何以会到今天这么幼稚？不是笨，就是不懂，所以没有自愧心。

不怕天下乱，就怕不真能。年近八十，何以不留善念？白读《易经》了！不求真知，完全欺世。

问仁，曰“爱人”；问智，曰“知人”。知人者智，必要读《人物志》，否则不懂爱人、知人。“举直错诸枉，能使枉者直”，举，用；错，教育；诸，语词。“舜有天下，选于众”，找接班人；“举皋陶，不仁者远矣”，使不仁之人远离不仁之事。

“忠告而善道之，不可则止，无自辱焉”，夫妇、朋友皆如此。过道的生活，不能尽过情欲的生活。人都自私，一夜情，一辈子没幸福。贞女就是不同，人性是自私的，人之性与情。不要做不道德的事，人会恨你一辈子。

“以文会友”，文，非文章，“文以载道”，自人性发出的，文以载性之用。喜怒哀乐，发而必中节，男女都必中节，人没有没良知的。

“以友辅仁”，人必有三二知己。人情比什么都宝贵，歌颂的是情，非钱。人情之重要，超过一切实际的价值。“惠而不费”（《论语·尧曰》），不是口惠实不至，而是以有余补不足。

"六字真言"，六字，干一辈子，都办不到！

六字真言或六字大明咒，是佛教里最常见的真言，是观世音菩萨愿力与加持的结晶，故又称为观世音心咒。六字真言，除了刻在石上，亦多刻在转经筒上。

小过，有害于己。大过，有害于人，破坏一团体的。准社，谁有错误也不放过，"获罪于天，无所祷也"（《论语·八佾》）。用贤才，有才不贤亦不可用。做事，向慈济学。人做事，没有不想成功的，成功绝对用人才。

时不我予！可以逸待劳，何不好好努力？养勇，没有勇也不能任事。人比人得死，货比货得扔。人要好好努力，自己不能努力，就没望。

集，今在台已成绝响了。老，老到，老手，老农。写篆，必用狼毫。用羊毫必有真功力，溥儒就用羊毫。

学《管子》，非讲管子学，是学的方法。孔子奔走列国，为了什么？如学了《论语》，犹不知孔子是干什么的，那学《管子》也没有用。

注解，无一与我所想同。看书，如抓不到要点，可能看错。看白皮书，亦然。

佞，到处宣传。孔子"非敢为佞也，疾固也"（《论语·宪问》），“子绝四：毋意，毋必，毋固，毋我”（《论语·子罕》）。

人最大的毛病，即固。怎么解这个固？“学则不固”（《论语·学而》）。一引经，证明朱子讲错（朱子解：所学亦不坚固）。必要学怎么读书，才有所得。怎么学才不固陋？学而时习之。

何以学必时习之？“不可为典要，唯变所适”，要适时、合时。《易经》为变经，学成了，就是“圣之时者”。固，固陋，顽固。可见孔子多时髦，不宣传假仁义、假道德。固，就不进步，学就不固，唯有变得恰到好处才有用，成“圣之时者”。孔子一辈子疾固，“仲尼尚公”，此尸子所言。

如此串，即依经解经，才能够深入。此乃奉元的读书方式。

钦定一成不变，一变即成不忠、不孝、不仁、不义，所以钦定必变。要“学校钦定之枉，道正率性之元”。

第一章 大匡第十八

大匡，谓以大事匡君。

怎么认识齐之三杰？自一个题目讲，自认识管子始，看古今的看法如何。

齐僖公生公子诸儿、公子纠、公子小白，使鲍叔傅小白。鲍叔辞，称疾不出。

管仲与召忽往见之，曰：“何故不出？”鲍叔曰：“先人有言曰：‘知子莫若父，知臣莫若君。’今君知臣不肖也，是以使贱臣傅小白也。贱臣知弃矣（鲍叔以小白年幼，又不肖而贱，故难为之傅也）**。”**

召忽曰：“子固辞，无出，吾权任（保）**子以死亡，必免子**

（君若有疑，我当保子以疾至于死亡，也可以免子之身）。”

鲍叔曰：“子如是，何不免之有乎（言必免也）？”

管仲曰：“不可（以召忽言为非）。持社稷宗庙者，不让事（难事），不广闲（宗庙至重，故不可让难事而广求闲安）。将有国者未可知也。子其出乎！”

召忽曰：“不可（不认同管仲之言）。吾三人者之于齐国也，譬之犹鼎之有足也，去一焉则必不立矣。吾观小白，必不为后矣。”

召忽认为三人不可异其出处。

管仲曰：“不然也。夫国人憎恶纠之母，以及纠之身，而怜小白之无母也。诸儿长而贱（非嫡子），事未可知（尚未定）也。夫所以定齐国者，非此二公子者，将无已也（言二子既不能定齐国，而又不立小白，即是将更无所用。小白必得立矣）。小白之为人，无小智，惕（惕厉）而有大虑（虽无小智，能惕惧而有大虑），非夷吾，莫容小白（小白既无小智，必乖迕于俗人，故非夷吾莫能容）。天不幸降祸加殃于齐，纠虽得立，事将不济。非子（召忽）定社稷，其将谁也（纠既不济，次在小白，辅小白而定社稷者，非子而谁）？”

召忽曰：“百岁之后，吾君卜世（谓僖公之子小白等也），犯

吾君命（僖公命辅纠），**而废吾所立，夺吾纠也，虽得天下，吾不生**（当致死）**也。兄与我齐国之政也**（谓使知政也），**受君令而不改，奉所立而不济，是吾义也**（更有所立，不济而死，是为臣之义也）。"

此为召忽死纠之"君臣观"。

管仲曰："夷吾之为君臣也，将承君命，奉社稷，以持宗庙，岂死一纠哉（不同于召忽君臣观）？**夷吾之所死者，社稷破，宗庙灭，则夷吾死之。非此三者，则夷吾生。夷吾生则齐国利，夷吾死则齐国不利**（言当为宗庙社稷致死，不死于一纠）。"

此讲管子的人品。

"承父命，奉君命，持国危"：承、奉、持，每个人的责任。

一个人得如何自许、自期？如对自己都不认识，那自己的价值在哪儿？岂可净为人跑腿？我失败了，就"长白又一村"，绝不侍候任何人。如大家都失所立，还能成事？空心码子谁用都可以，那活着做什么。

鲍叔曰："然则奈何？"管子曰："子出奉令则可（子出奉令，则小白有所依，故曰可）。"

鲍叔许诺，乃出奉令，遂傅小白。

自此看三人对事的论断。

鲍叔谓管仲曰："何行（问其事君当何所行）？"

尹知章：问其事君当何所行？

管仲曰："为人臣者，不尽力于君，则不亲信（不为君亲信）；**不亲信，则言不听；言不听，则社稷不定。夫事君者无二心**（此事君之所行）。"

"事君者无二心"，"人之视己，如见其肺肝然"（《大学》）。失信于团体，一生完了。"'十目所视，十手所指，其严乎！'德润身，富润屋。"（《大学》）我五十年如一日，谁问都说真话，绝无所倚。

鲍叔许诺。

……

鲍叔牙奉公子小白奔莒（小白先奔，乱尚未作），**管夷吾、召忽奉公子纠奔鲁。**

九年，公孙无知虐于雍廪（齐大夫），雍廪杀无知也。桓公自莒先入。鲁人伐齐，纳公子纠，战于乾时。管仲射桓公中钩（小白佯死，管仲使人驰报鲁，鲁送纠者行益迟。六月至齐，小白已，高傒立之，是为桓公），鲁师败绩。

桓公践位，于是劫（以兵势胁之）鲁，使鲁杀公子纠。

桓公问于鲍叔曰："将何以定社稷？"

鲍叔曰："得管仲与召忽，则社稷定矣！"

公曰："夷吾与召忽，吾贼也。"鲍叔乃告公其故图（三人之图谋，谓管仲本使鲍叔傅小白，将立之）。

公曰："然则可得乎？"

鲍叔曰："若亟召，则可得也；不亟，不可得也。夫鲁施伯知夷吾为人之有慧也，其谋必将令鲁致政于夷吾。夷吾受之，则彼知能弱齐矣；夷吾不受，彼知其将反于齐也，必将杀之（既不受鲁政而反于齐，其将为鲁害，故杀之）。"

公曰："然则，夷吾将受鲁之政乎？其否乎？"

鲍叔对曰："不受。夫夷吾之不死纠也，为欲定齐国之社稷也。今受鲁之政，是弱齐也。夷吾之事君无二心，虽知死，必不受也。"

公曰："其于我也，曾若是乎（能无二心如是乎）？"

鲍叔对曰："非为君也，为先君也。其于君不如亲纠也，纠之不死（不死纠），而况君乎（亲尚不死，疏则可知）！君若欲定齐之社稷（此管仲之志），则亟迎之之（管仲既志在定齐社稷，故须急迎之）。”

公曰：“恐不及，奈何？”

鲍叔曰：“夫施伯之为人也，敏而多畏（多畏则念虑深）。公若先反，恐注怨焉。必不杀也。（若先反管仲，而施伯杀之，齐必注怨，故不敢杀。）”

公曰：“诺（从鲍叔之言也）。”

施伯进对鲁君曰：“管仲有急（有急难之事，与小白争国），其事不济（其事既不济，故来在鲁，可因此事而致政）。今在鲁，君其致鲁之政焉。若受之则齐可弱也，若不受则杀之。杀之以说（悦）于齐也，与同怒（与齐同怒），尚贤于已（不杀）。”

君曰：“诺。”

鲁未及致政，而齐之使至，曰：“夷吾与召忽也，寡人之贼也。今在鲁，寡人愿生得之。若不得也，是君与寡人贼比（相比）也。”

鲁君问施伯。施伯曰：“君与之。臣闻齐君惕而亟骄，虽得贤，庸（何）必能用之乎？及（就）齐君之能用之也，管子之事济也。夫管仲天下之大圣也，今彼反（返）齐，天下皆乡（向，归往）之，岂独鲁乎？今若杀之，此鲍叔之友也。鲍叔因此以作难，君必不能待（振）也，不如与之。”鲁君乃遂束缚管仲与召忽。

管仲谓召忽曰："子惧乎？"召忽曰："何惧乎？吾不蚤（早）死，将胥（待）有所定也。今既定（小白已定齐）矣，令子相齐之左，必令忽相齐之右。虽然，杀君（公子纠）而用吾身，是再辱我也。子为生臣（生则定社稷），忽为死臣（死则显忠义）。忽也知得万乘之政而死，公子纠可谓有死臣矣；子生而霸诸侯，公子纠可谓有生臣矣。死者成行（死成忠义之行），生者成名（生定社稷之名）。名不两立（既成生之名，不可又成死名），行不虚至（非至德，至道不凝焉）。子其勉之，死生有分矣。"乃行，入齐境，自刎而死。管仲遂入（入齐）。

君子闻之曰："召忽之死也，贤其生也（召忽之生，不能霸诸侯）；管仲之生也，贤其死也（管仲若死，不成九合之功）。"

……

桓公二年践位（入国二年，方得践位）。

召管仲。管仲至，公问曰："社稷可定乎？"管仲对曰："君霸王，社稷定；君不霸王，社稷不定。"

公曰："吾不敢至于此其大（霸王）也，定社稷而已。"管仲又请。君曰："不能。"管仲辞于君曰："君免臣于死，臣之幸也。然臣之不死纠也，为欲定社稷也。社稷不定，臣禄齐国之政而不死纠也（既不死纠，空食齐政之禄，而不定社稷），臣不敢（言将致死）。"

管仲以自己之所以不为纠死，因社稷重于国君。不定社稷，空食齐政之禄，不敢；将致死齐。

乃走出。至门，公召管仲。管仲反（返），公汗出曰："勿已，其勉霸乎！"

"勿已"，必欲令霸王而不已；"其勉霸"，勉力而求霸。

管仲再拜稽首而起，曰："今日君成霸，臣贪（歆）承命，趋立于相位。"乃令五官行事。

有几个人相知？相知的朋友不可缺。几个志同道合，不是苟合。

人无品不能成事，枉费心机。德，就难在持之以恒。不可失自己的立场，求先有所立；无所立，谈不上其他。

"居处恭，执事敬，与人忠。虽之夷狄，不可弃也。"（《论语·子路》）大本必立，一流人物绝对有德。志与德，缺一不可。

异日，公告管仲曰："欲以诸侯之间无事也，小修兵革（初作小规模之准备）。"管仲曰："不可。百姓病（困兵），公先与（亲）百姓，而藏其兵。与其厚于兵，不如厚于人（人厚兵自强）。

齐国之社稷未定，公未始于人而始于兵。外不亲于诸侯，内不亲于民。”公曰：“诺。”政未能有行也。

厚民之政，未能有行。

二年，桓公弥（弭，止也）乱，又告管仲曰：“欲缮兵。”管仲又曰：“不可。”公不听，果为兵。

决定造兵器。

桓公与宋夫人饮船中，夫人荡船而惧公（因桓公不习水性），公怒，出之。宋受而嫁之蔡侯。

古人说男人是茶壶，至少配四个茶杯。一夫多妻制。

明年，公怒告管仲曰：“欲伐宋。”管仲曰：“不可。臣闻内政不修，外举事不济。”公不听，果伐宋。诸侯兴兵而救宋，大败齐师。公怒，归告管仲曰：“请修兵。吾士不练，吾兵不实，诸侯故敢救吾雠。内修兵！”管仲曰：“不可。齐国危矣！内夺民用（修兵则夺民用），士劝于勇（勇于对外），外乱之本也。外犯诸侯，民多怨也（外犯必多残害，故为人所怨）。为义之士，不入齐国（君为不义，故义士不归也），安得无危？”

……

五年，宋伐杞。

桓公谓管仲与鲍叔曰：“夫宋，寡人固欲伐之，无若诸侯（诸侯救宋）何！夫杞，明王之后（夏之后）也。今宋伐之，予欲救之，其可乎？”管仲对曰：“不可。臣闻内政之不修，外举义不信。君将外举义，以行先之（以内行先之），则诸侯可令附。”

桓公曰：“于此不救（以救杞为名伐宋），后无以伐宋。”管仲曰：“诸侯之君，不贪于土。贪于土必勤于兵，勤于兵必病于民，民病则多诈。夫诈，密而后动者胜，诈则不信于民。夫不信于民则乱，内动则危于身。是以古之人闻先王之道者，不竞于兵（兵者凶器，竞之则危）。”

……

五年，诸侯附，狄人伐（有狄难）。桓公告诸侯曰：“请救伐。诸侯许诺，大侯车二百乘，卒二千人；小侯车百乘，卒千人。”诸侯皆许诺。齐车千乘，卒先致缘陵，战于后故（地名），败狄。其车甲与货，小侯受之（将败狄所得车甲及货，尽与小侯）。大侯近者，以其县分之（以齐县分之），不践其国（终不践其国以侵之）。北州侯莫来（不来救齐北之州），桓公遇南州侯于召陵（盟于召陵），曰：“狄为无道，犯天子令，以伐小国。以天子之故，敬天之命令，以救伐（救齐伐狄）。北州侯莫至，上不听天子令，下无礼诸侯，寡人请诛于北州之侯。”诸侯许诺（言诸侯以敬顺天命，救齐伐狄）。

桓公乃北伐令支（国名），下凫之山，斩孤竹（孤竹，国名。斩其君）。遇山戎，顾问管仲曰：“将何行？”管仲对曰：“君教诸侯为民聚食，诸侯之兵不足者，君助之发，如此，则始可以加政矣（既使诸侯足食足兵，然后可以加之政也）。”

桓公乃告诸侯，必足三年之食安（有三年食，然后可安），以其余修兵革。兵革不足以引其事，告齐，齐助之发（诸侯兵之不足，当引其事之缺者以告齐，齐当发卒以助之也）。

既行之，公又问管仲曰：“何行？”管仲对曰：“君会其君臣父子（谓考合其君臣父子之宜），则可以加政矣。”

公曰：“会之道奈何？”曰：“诸侯毋专立妾以为妻，毋专杀大臣，无国劳（官无摄事），毋专予禄（不得专予禄），士庶人毋专弃妻（均不可自擅之，必上请得允，然后敢行之），毋曲堤（无障谷，以邻为壑），毋贮粟，毋禁材（山泽之材，当与人共之）。行此卒岁（行之终岁），则始可以罚（而有不从者，可以加刑罚）矣。”

君乃布之于诸侯，诸侯许诺，受而行之。卒岁，吴人伐谷（齐之下都，后以封管仲），桓公告诸侯未遍，诸侯之师竭至（尽来），以待桓公。桓公以车千乘会诸侯于竟，都师（卿大夫采邑之兵）未至，吴人逃。诸侯皆罢。

桓公归，问管仲曰："将何行？"管仲曰："可以加政矣（诸侯服从如此，故可以加政）。"

曰："从今以往二年，适（嫡）子不闻孝，不闻爱其弟，不闻敬老国良（国之贤良），三者无一焉（无能行其一），可诛也。诸侯之臣及国事（预知国政），三年不闻善（则不贤也），可罚也（故可罚）。君有过，大夫不谏；士庶人有善，而大夫不进，可罚也。士庶人闻之吏贤孝悌，可赏也。"桓公受而行之，近侯（近齐之诸侯）莫不请事（请齐征赋之事）。兵车之会（兴兵有所伐）六，乘车之会（结好息民之会）三，飨（享）国四十有二年。

桓公践位十九年，弛（缓也）关市之征（赋），五十而取一（取其货税五十之一）。赋禄以粟，案田而税。二岁而税一（率二岁而一税之），上年什取三，中年什取二，下年什取一，岁饥（繁体字为"饑"，无收成）不税，岁饥（繁体字为"飢"）弛（解除）而税。

"饑""飢"简体字虽皆为"饥"，但两者有分别。"饑"，《说文》云："谷不熟为饑。"饥馑、饥荒。"飢"，《说文》云："飢训饿。"饥饿也。

桓公使鲍叔识（音 zhì）君臣之有善者，晏子识不仕与耕者之有善者，高子识工贾之有善者，国子为李（狱官），隰朋为东国，宾胥无为西土，弗郑为宅（宅人，分赋宅地）。凡仕者（服公职）近宫（近首都办公处），不仕与耕者近门（当出入田野，故近于外门），工贾近市（市肆）。三十里置遽（邮驿），委（供给过者）焉，有司职之（立官以主其事）。

从（凡）诸侯（诸使者）欲通（通于齐），吏从行者，令一人为负以车（以车分载其行装）；若宿者，令人养其马，食其委（以所委食之）。客与有司别契（分别其契），至国八契（征验，以知真伪）。费义（度）数（供客之礼）而不当（不相当），有罪（罪之）。凡庶人欲通（陈情于君），乡吏不通，七日（抑而不通，事经七日）囚（不敬事，囚之）。出欲通（通往别国），吏不通，五日囚。贵人子欲通，吏不通，二日囚。

凡具吏进诸侯士而有善（素习），观其能之大小以为之赏，有过无罪（以广求贤之路）。令鲍叔进（荐）大夫劝国家（劝勉国事），得之成而不悔（允当，无有可悔）为上举（善之上）；从政治（从政而能理者）为次；野为原（劝农开荒），又多不发（不互相告发），起讼（虽有起而讼者）不骄，次之。劝国家，得之成而悔，从政虽治而不能，野原又多发，起讼骄，行此三者为下。

令晏子进贵人之子，出不仕（事），处不华（无过失），而友有少长（则遵《礼经》）为上举（全此三者，故为上），得二（三分之二）为次，得一为下。

士处静（卑敬貌），敬老与贵，交不失礼，行此三者为上举；得二为次，得一为下。

耕者农用力（勤而不惰），应于父兄（孝且义），事贤多（择善而从，故能多），行此三者为上举，得二为次，得一为下。

令高子进工贾，应于父兄，事长养老，承事敬，行此三者为上举，得二为次，得一为下。

令国子以情断狱（定罪罚者，贵得其罪）。

三大夫（鲍叔、晏子、高子）既已选举（选用人才），使县（县吏）行之（发往齐国）。管仲进而举（举用）言上而见之于君，以卒年（岁终）君举。

桓公举用管仲所进者。

管仲告鲍叔曰："劝国家不得成而悔，从政不治不能，野原又多而（语气词，无义）发，讼骄，凡三者，有罪无赦。"

告晏子曰："贵人子处华，下交（淫佚，重交好，则挟朋党），好饮食（嗜饮食，则道情薄），行此三者，有罪无赦。士出入无常，不敬老而营富（治器不功，鬻卖行滥），行此三者，有罪无赦。耕者出入不应于父兄，用力不农（勤勉），不事贤，行此三者，有罪无赦。"

告高子曰：“工贾出入不应父兄，承事不敬，而违老治危（倾险），**行此三者，有罪无赦。凡于父兄无过**（无过于父兄），**州里称之**（见称于州里），**吏进之，君用之**（吏进此人，君必用之）。**有善无赏，有过无罚，吏不进，廉意**（察其是否挟私）。**于父兄无过，于州里莫称，吏进之，君用之。善，为上赏；不善，吏有罚。”**

君谓国子：“凡贵贱之义，入与父俱，出与师俱，上与君俱。凡三者遇贼（害此三者）**不死，不知贼则无赦。”断狱，情与义易，义与禄易**（不大违于义，可以禄赎）。**易禄可无敛**（当罚其罪），**有可无赦**（有罪无赦）。

不是讲《管子》，而是要学管子，管子强齐。你们最低要安当下这块土，如无贡献，反之则有害，是毒草。

准社写《南民政史》。人要懂得历史，就心胸豁达，什么都得过去。不知修已，七十就糊涂。修身，自年轻开始，简言之，一个色无把持，永不会清明。许多人五六十，就未老先衰了！

坐禅，于养身有利，愈早愈好，不会返老还童，但可以维持。我为保持头脑清新，绝对少吃脂肪。到四十，要特加小心，否则老了问题多。肉类少吃，平时吃青菜，每天喝奶，每餐一杯。蛋不可多吃，尤其蛋黄要少吃。年轻就要有节制。人生就是苦，懂得处理这个苦，就是智慧！

《孙子》不全，焉能取胜？我另整理。我遇事疑惑多，与你们想法绝对不同。你们没有规划、没有进取心。要有企划、有进取心，如同下棋，至少要有看三步的能力。

有些人太“客气”，什么也没学好。无一同学不客气，连中国字也看不懂。出卖祖宗，下场可知。人活着，最低要无忝所生。人与人的关系，是人，就够了。先树立自己是个人，再谈其他。先认识自己，至少学做人了。

第二章 小匡第二十

读《管子》，在学做事。一个有修养、有德能的人，才能成就事功。学《管子》，如无法将此地治理得如齐，没有用。何以你们学什么，都用不上？

当时，齐有三个有志的青年——管（仲）、鲍（叔牙）、召（忽），三人合作，把齐国强了。我的团体，冒牌的一个也存在不了。三三两两，得是同志。知人，不相知行吗？志同道合，非苟合，不可失己之立场。必有所立，无所立，不必胡扯。人生只有一次，没有来世。必学怎么做人。

桓公自莒反于齐，使鲍叔牙为宰。

鲍叔辞曰：“臣，君之庸臣也，君有加（嘉）惠于其臣，使臣不冻饥，则是君之赐也。若必治国家，则非臣之所能也，其

唯管夷吾乎！臣之所不如管夷吾者五：宽惠爱民，臣不如也；治国不失秉（柄也。柄所操以作事。国柄者，赏之纪要也），臣不如也；忠信可结于诸侯（群，众也），臣不如也；制礼义可法于四方，臣不如也；介胄执枹（fú，击鼓搥）立于军门，使百姓皆加（益）勇，臣不如也。夫管仲民之父母也，将欲治其子，不可弃其父母。”

公曰：“管夷吾亲射寡人，中钩殆（近）于死，今乃用之，可乎？”鲍叔曰：“彼为其君动（发）也。君若宥而反之，其为君亦犹是也。”

公曰：“然则为之奈何？”鲍叔曰：“君使人请之鲁。”

公曰：“施伯，鲁之谋臣也。彼知吾将用之，必不吾予（予吾）也。”鲍叔曰：“君诏使者曰：‘寡君有不令之臣在君之国，愿请之以戮群臣（戮以徇群臣）。’鲁君必诺。且施伯之知、夷吾之才，必将致鲁之政（既知其才，故授以国政）。夷吾受之，则鲁能弱齐矣；夷吾不受，彼知其将反（返）于齐，必杀之。”

公曰：“然则夷吾受乎？”鲍叔曰：“不受也，夷吾事君无二心。”

公曰：“其于寡人犹如是乎？”对曰：“非为君也。为先君与社稷之故，君若欲定宗庙，则前请之；不然，无及也。”

李鸿章曾为这块土下评语：“鸟不语，花不香；男无情，女无义。”我在台五十年，对这块土的评语：“忘恩负义，见利忘义。”逞一时之快，至少三代受苦。

我近百年，参透了人的卑鄙，不理人。与草木同朽，何必与之斗嘴？连下棋，都得看三五步。

我原本想看殷琪，现才知祖是汉奸，孙亦汉奸。一步走错，也可以几代做汉奸。

天赐麟儿，为长子。诗人陈三立（1853—1937），其长子陈衡恪（陈师曾，1876—1923）为画家，我的老师；陈寅恪为历史学家。

都要结束了，还无一个站起来。自己毫无主张，就乱扯。浑蛋，死无葬身之地也不知。台湾地区的高峰已过。不懂自己不知，最可怕！读书要详细，要学。

我有钱，不自己花，要慰苍，我的字“慰苍”。乱世出英雄，有事可大（《易经·序卦传》：“有事而后可大，故受之以临。临者，大也”），“临观之义，或与或求”（《易经·杂卦传》）。忠信，“虽之夷狄，不可弃也”（《论语·子路》）。必要时，有保护自己生命的权利。冷静想，谁是台湾的元凶？研究其所以。修旧法，择其善者，举而严用之。

画龙要点睛，读书亦然。以《孙子》为中心，将所有兵家之书串在一起。贵精不贵多。

动物都懂，人何以糊涂？欲蒙蔽了一切。当走狗，最后连个辈都排不上。一样牺牲，何以不做老大？

公乃使鲍叔行成（平。与鲁平），曰：“公子纠，亲也。请君讨之。”鲁人为杀公子纠。又曰：“管仲，雠也。请受而甘心焉。”鲁君许诺。

施伯谓鲁侯曰：“勿予。非戮之也，将用其政（用之使知政）也。管仲者，天下之贤人也，大器也。在楚，则楚得意于天下；在晋，则晋得意于天下；在狄，则狄得意于天下。今齐求而得之，则必长为鲁国忧，君何不杀而受（授）之其尸？”鲁君曰：“诺。”

将杀管仲，鲍叔进曰：“杀之齐，是戮齐（戮以徇齐）也；杀之鲁，是戮鲁（以诫群臣）也。弊邑寡君愿生得之，以徇于国，为群臣僇（lù，戮之以报其怨）；若不生得，是君与寡君贼比（亲吾贼）也，非弊邑之君所谓也，使臣不能受命。”于是，鲁君乃不杀，遂生束缚而柙（槛）以予齐。

鲍叔受而哭之，三举（三举其声，伪哀其将死也）。施伯从而笑之（笑其伪也），谓大夫曰：“管仲必不死，夫鲍叔之忍（多所容忍）不僇贤人（其心不僇贤人），其智称（举）贤以自成也。鲍叔相公子小白先入得国（得国人心），管仲、召忽奉公子纠后入，与鲁以战，能使鲁败（乃使鲁败而齐胜）。功足（定）以（已）得天与失天，其人事一也（管仲本图将立小白，今能败鲁而胜齐，是其功也。故于齐为得天，于鲁为失天。至于能成人事，则一也）。“今鲁惧，杀公子纠、召忽，囚管仲以予齐，鲍叔知无后事（既得管仲，则知后无祸难之事），必将勤管仲（必探管仲本败鲁胜齐之意，以成其功）以劳其君（勤而慰劳其君），愿以显其功（愿君试用管仲，以显其定齐之功）众必予之（与，许也）有得。力死之功，犹尚可加也（假令管仲力死成功，但一时之事耳，犹尚可加）。显生之功（况不耻垢辱，忍而生全，齐将得之而霸，以显其本谋之功），将何如（何善如之乎？言不可加也）？是昭德以贰君也（昭管仲之德，以为君之副贰），鲍叔之知，不是失也（以鲍叔之智，能及此图，必不失也）。”

至于堂阜（齐鲁相接之境）之上，鲍叔祓（fú，除其凶邪之气）而浴之三。桓公亲迎之郊，管仲诎（qū）缨插衽（以罪人自待），使人操斧而立其后（示将就戮）。公辞斧三，然后退之（退操斧者）。公曰：“垂缨下衽，寡人将见。”管仲再拜稽首曰：“应（受）公之赐，杀之黄泉，死且不朽（社稷宗庙至重，故不可让难事而广求闲安）。”公遂与归。

礼之于庙，三酌而问为政焉，曰：“昔先君襄公，高台广池，湛乐饮酒，田猎罼（bì，帝王仪仗）弋，不听国政。卑圣侮士，唯女是崇，九妃（诸侯一娶九女）六嫔，陈（陈列）妾数千。食必粱肉，衣必文绣，而戎士冻饥。戎马待游车之弊（游车敝，然后以为戎车），戎士待陈妾之余（陈妾食余，然后以食戎士）。

倡优侏儒在前，而贤大夫在后。是以国家不日益，不月长。吾恐宗庙之不扫除，社稷之不血食，敢问为之奈何？”管子对曰：“昔吾先王周昭王、穆王，世法文武之远迹，以成其名。合群国，比校民之有道者（校试其人有道者），设象以为民纪（与之设法象而为人纪）。式美以相应（其所用美事，必令始终相应），比缀以书（然后次比缉缀，书之简策），原本穷末（原其本，穷其末，无不错综也）。劝之以庆赏，纠之以刑罚，粪（班）除（序，叙用）其颠（高之顶，人或不垦辟）旄（所以誓勒兵士，言能务农息兵），赐予以镇抚之，以为民终始。”

公曰：“为之奈何？”管子对曰：“昔者圣王之治其民也，参其国而伍其鄙，定民之居，成民之事，以为民纪，谨用其六秉。如是而民情可得，而百姓可御。”

桓公曰：“六秉者何也？”管子曰：“杀、生、贵、贱、贫、富，此六秉也。”

桓公曰：“参国奈何？”管子对曰：“制国以为二十一乡：商工之乡六，士农之乡十五。公帅十一乡，高子帅五乡，国子帅五乡。参国故为三军。公立三官之臣（三军之官）：市立三乡，工立三族，泽立三虞，山立三衡（自三乡以下，每皆置其官）。制五家为轨（法也，相与守法），轨有长；十轨为里，里有司；四里为连（相连属，不分离），连有长；十连为乡，乡有良人；三乡一帅。”

桓公曰："五鄙奈何？"管子对曰："制五家为轨，轨有长；六轨为邑，邑有司；十邑为率，率有长；十率为乡，乡有良人；三乡为属，属有帅。五属一大夫，武政听属（以武为政者听于属），文政听乡，各保（保安）而听（听治），毋有淫佚（行为不检点，放荡不羁）者。"

桓公曰："定民之居，成民之事，奈何？"管子对曰："士农工商四民者，国之石民（有斯四民，犹柱之石也，国因以坚固）也。不可使杂处，杂处则其言哤（máng，杂言乱语），其事乱。是故圣王之处士必于闲燕（清净），处农必就田墅（郊外），处工必就官府，处商必就市井（立市必四方，若造井之制）。

四民各有所处。

"今夫士群萃而州处，闲燕（学校之处）则父与父言义，子与子言孝。其事君者言敬，长者言爱，幼者言弟。旦昔（夕）从事于此，以教其子弟，少而习焉，其心安焉，不见异物（异事非其所当习者）而迁焉。是故其父兄之教不肃而成，其子弟之学不劳而能，夫是，故士之子常为士。

"今夫农群萃而州处，审其四时，权节其用（于四时中，又权量其节之早晚），具备其械器（械器皆为田器），用比耒耜谷芨（'芨'音jī，比偶其耒耜及谷芨，重治其阙遗）。及寒（冬寒之月），击槁除田（击去其草之枯槁者，修除其田），以待时耕（以待春耕）。及耕，深耕而疾耰（既已均种，当疾扰之），先雨芸耨（复种），以待时雨。时雨既至，挟其枪刈耨镈（椿、镰、铲、锄），以旦暮（早晚）从事于田墅，脱衣（脱其常服）就功（以就功役，便事而省费），别苗莠，列疏遬（'遬'音sù，密。'疏遬'谓苗之疏密当均列之）。首戴茅蒲（斗笠），身服袯襫（bó shì，蓑衣），沾体涂足，暴其发肤，尽其四支（肢）之力，以疾（快速）从事于田野。少而习焉，其心安焉，不见异物而迁焉。是故其父兄之教不肃而成，其子弟之学不劳而能。是故农之子常为农，朴野而不慝（奸慝），其秀才（有异秀之才）之能为士者，则足赖（其贤足可赖）也。故以耕则多粟，以仕则多贤，是以圣王敬畏戚（亲）农（言农民耕则多粟，仕则多贤，是以圣王敬之亲之也）。

"今夫工群萃而州处，相良材，审其四时，辨其功苦（楛。辨其物坚美或滥恶），权节其用，论比计（协）制（材），断（锻）器尚完利（锻器贵于完利），相语以事，相示以功，相陈以巧，相高以知事（以其能知器用之事相高）。旦昔（夕）从事于此，以教其子弟，少而习焉，其心安焉，不见异物而迁焉。是故其父兄之教不肃而成，其子弟之学不劳而能。夫是，故工之子常为工。

"今夫商群萃而州处，观凶饥，审国变，察其四时而监（视）

其乡之货（财也。夏则资皮，冬则资絺，旱则资舟，水则资车），以知其市之贾。负任担荷，服牛辂（lù）马（以木当胸以挽车也），以周四方；料多少，计贵贱，以其所有，易其所无，买贱鬻（卖）贵。是以，羽旄不求而至，竹箭有余于国，奇怪时来，珍异物（类）聚（方以类聚）。旦昔从事于此，以教其子弟，相语以利，相示以时，相陈以知贾（贾知物价，相与陈说）。少而习焉，其心安焉，不见异物而迁焉。是故，其父兄之教不肃而成，其子弟之学不劳而能。夫是，故商之子常为商。相地而衰（差，不齐）其政（征），则民不移（则人安其沃瘠而不移）；正（定）旅（行商）旧（安定来客），则民不惰（则禀令而不惰）；山泽各以其时至，则民不苟（不非时入山林）；陵陆丘（垄墓所在）井田畴均，则民不惑（憾）；无夺民时，则百姓富；牺牲不劳（不过用），则牛马育。”

桓公又问曰：“寡人欲修政以干（求）时于天下（天下诸侯修时见之会），其可乎？”管子对曰：“可。”

公曰：“安始而可？”管子对曰：“始于爱民。”

公曰：“爱民之道奈何？”管子对曰：“公修公族，家修家族，使相连以事（则人惯狎），相及以禄（则恩情生），则民相亲（故有亲）矣；放旧罪（则全人命），修旧宗（则收散亲），立无后（则继绝也），则民殖（生）矣；省刑罚，薄赋敛，则民富矣；乡建贤，士使教于国，则民有礼矣；出令不改，则民正矣。

此爱民之道也。”

公曰：“民富而已亲，则可以使之乎？”管子对曰：“举财长工（工能积财，举而长之），以止（待）民用（民则慕而不费用矣）；陈力尚贤（贤能陈力而崇上之），以劝民知（民则劝而学智矣）；加刑无苛，以济百姓。行之无私，则足以容众矣；出言必信，则令不穷矣。此使民之道也。”

桓公曰：“民居定矣，事已成矣，吾欲从事于天下诸侯（欲从会事），其可乎？”管子对曰：“未可，民心未吾安。”

公曰：“安之奈何？”管子对曰：“修旧法，择其善者，举而严用之。慈于民，予无财（贫而无财者，当施与之）。宽政役，敬百姓，则国富而民安矣。”

公曰：“民安矣，其可乎？”管仲对曰：“未可。君若欲正（整）卒伍，修甲兵（整军经武），则大国亦将正卒伍，修甲兵。君有征战之事，则小国诸侯之臣有守圉（边境）之备矣，然则难以速得意于天下。公欲速得意于天下诸侯，则事有所隐（不显习其兵事），而政有所寓（军政寓之田猎）。”

我这些年行事之要则：事有所隐，而政有所寓。所做事，皆几年前决定的。不在多，三人可强齐。许多人可以做官，但不一定能。

不能改变习性，无法自立，谈何发展？老婆虽好，但无政治长才，这些事少叫她们知。你们会做菜，一年送老师几次菜？

公曰："为之奈何？"管子对曰："作内政而寓军令焉。为高子之里，为国子之里，为公里，三分齐国，以为三军。择其贤民，使为里君（每里皆以贤者为君）。**乡有行伍卒长，则其制令，且以田猎**（以田猎为掩护），**因以赏罚**（因田猎之功过行赏罚），**则百姓通于军事矣。"桓公曰："善。"**

你们的一举一动，使我失望，太低！太愚！我没见过这么愚的年轻人，做事没智慧，是冲动，什么都没通盘计划，就做了。我布局，声东击西，然后布局完了。

怎么领导群众？开会，发个通知，吃饭，有作用？台湾失败在釜底抽薪。没有组织，搞什么号召？如连三三两两都没有，哪个团体要你？必要自己本身能。自己能不能，要求诸己，"求为可知也"（《论语·里仁》）。看齐三杰的德与智，各有所长。

搞什么成事？不分男女，一生必有一部书，后人才不会一无所知。人生特别不容易！不懂中国人的深沉，千万不能用洋腔。坐，腰都不直，怎能成事？精、气、神，人之三宝。

一个人必要知己之所为，至少过人的生活，把窝弄好，妻贤子孝，亦一乐也。以何系心？家不和乐，人生最大的悲哀。结婚是大事，不可以一开始就说假话；知道你说假话，就同床异梦了！有了别心，就是日进斗金，也不会幸福。家建立在伦、义上，夫妇以义合，伦最难，逢场作戏都不可。诚于中，形于外。没有大志，就好好过人生，把家庭弄好。

我做什么，绝对像什么。走到哪儿，绝不出伦。无人管，一生绝对得起良心。许多平庸的人，把家搞得乱七八糟。人生就只有一次，一定要过得愉快。实学，会用，永远胜利。人贵乎有自知之明，检讨自己，非检讨别人。

倡本土文化绝对无知，看地图才知关系。有些人太天真，什么也不知。战争，解决不了问题！

于是乎管子乃制五家以为轨，轨为之长；十轨为里，里有司；四里为连，连为之长；十连为乡，乡有良人，以为军令。是故，五家为轨，五人为伍，轨长率之；十轨为里，故五十人为小戎，里有司率之；四里为连，故二百人为卒，连长率之；十连为乡，故二千人为旅，乡良人率之；五乡一师，故万人一军，五乡之师率之。三军，故有中军（公之里卒）**之鼓，有高子之鼓，有国子之鼓。春以田，曰蒐，振旅**（因寓军政，而且整旅）**；秋以田，曰狝，治兵**（顺杀气，因治兵）。

是故，卒伍政定于里，军旅政定于郊。内教既成，令不得迁徙。故卒伍之人，人与人相保，家与家相爱（受。宅舍有故。相受寄托也）**。少相居，长相游，祭祀相福，死丧相恤，祸**（灾）

福相忧，居处相乐，行作相和，哭泣相哀。是故，夜战其声相闻，足以无乱；昼战其目相见，足以相识；欢欣足以相死。是故，以守则固，以战则胜。君有此教士（先教习之士）三万人，以横行于天下，诛无道，以定周室，天下大国之君莫能圉也。

管子的时代，齐国仍为一荒凉的所在。刚有文化开始，管子即有深的谋略、远虑。读《管子》，了解管子在那个环境怎么做事。从要点中找出要点，看其究竟说些什么。

〔一〕

正月之朝，乡长复（白）事。公亲问焉，曰："于子之乡，有居处为义好学、聪明质仁（质直而好义），慈孝于父母、长弟闻于乡里者，有则以告；有而不以告，谓之蔽贤，其罪五（其罪当入于五刑，而定其罚）。"有司已于事而竣（既毕于上事而退立）。

公又问焉，曰："于子之乡，有拳勇、股肱之力、筋骨秀出于众者，有则以告；有而不以告，谓之蔽才，其罪五。"有司已于事而竣。

公又问焉，曰："于子之乡，有不慈孝于父母、不长弟于乡里、骄躁淫暴、不用上令者，有则以告；有而不以告，谓之下比（下与有罪者相比而掩盖之），其罪五。"有司已于事而竣。

于是乎，乡长退而修德进贤。桓公亲见之，遂使役之官（历试其才能）。公令官长期而书伐（功）以告，且令选官之贤者而复之，曰："有人居我官，有功休（美）德，维顺端悫（què，诚），以待时使（待可用之时而使之）。使民恭敬以劝，其称秉（执）言，则足以补官之不善政。"

公宣（遍）问其乡里，而有考验（考其所行，皆有事验），乃召而与之坐，省（省视）相其质（质美），以参（参验）其成功成事，可立（其人既可，将立之）而时（待），设问国家之患（以知智谋之深浅）而不肉（而不直相其皮肉而已）；退而察问其乡里，以观其所能，而无大过，登以为上卿之佐（卿大夫之佐），名之曰三选（名此人三大夫所选）。

〔二〕

高子、国子退而修乡（退修于乡），乡退而修连，连退而修里，里退而修轨，轨退而修家。是故匹夫有善，故可得而举（举用）也；匹夫有不善，故可得而诛（责）也。

政既成，乡不越长，朝不越爵（有伦有序，名如其分），罢士（乏于德义者）无伍（耻与之为伍），罢女无家（众耻娶之，故无家）。士三出妻（二三其德，为政者之所忌），逐于境外；女三嫁（不贞顺者），入于舂谷。是故民皆勉（劝勉）为善。士与其为善于乡，不如为善于里；与其为善于里，不如为善于家（家善则乡善。所谓居家治理，可移于官）。是故士莫敢言一朝之便，皆有终岁之计；莫敢以终岁为议，皆有终身之功（修政则人无苟且）。

正月之朝，五属大夫复事于公，择其寡功者而谯（诮，责也）之，曰：“列地分民者若一，何故独寡功？何以不及人？教训不善，政事其不治，一再则宥（宽恕），三则不赦。”

公又问焉，曰：“于子之属，有居处为义好学、聪明质仁、慈孝于父母、长弟于乡里者，有则以告；有而不以告，谓之蔽贤，其罪五。”有司已事而竣。

公又问焉，曰：“于子之属，有拳勇、股肱之力秀出于众者，有则以告；有而不以告，谓之蔽才，其罪五。”有司已事而竣。

公又问焉，曰：“于子之属，有不慈孝于父母、不长弟于乡里、骄躁淫暴、不用上令者，有则以告；有而不以告者，谓之下比，其罪五。”有司已事而竣。

于是乎，五属大夫退而修属，属退而修连，连退而修乡，乡退而修卒，卒退而修邑，邑退而修家。是故匹夫有善，可得而举；匹夫有不善，可得而诛。政成国安，以守则固，以战则强。封内治，百姓亲，可以出征四方，立一霸王（可以建立一霸王之功）矣。

桓公曰：“‘卒伍定矣，事已成矣’，吾欲从事于诸侯，其可乎？”管子对曰：“未可。若军令，则吾既寄诸内政矣。夫齐国寡甲兵，吾欲轻重罪而移之于甲兵（重罪不死，减轻而以甲兵赎）。”

公曰：“为之奈何？”管子对曰：“制：重罪入以兵甲、犀胁、二戟，轻罪入兰（兰锜）盾（兵架）、鞈革（重革，当心着之，所以御矢）、二戟，小罪入以金钧（三十金），分宥（从坐者）薄罪入以半钧（随罪轻重，有分两也），无坐抑而讼狱者（其人自无所坐，而被抑屈为讼者），正三禁之（正当禁之三日）而不直（得其不直者），则入一束矢以罚之。美金以铸戈、剑、矛、戟，试诸狗马；恶金以铸斤斧、锄夷（锄类）、锯欘（zhú，镢类），试诸木土。”

桓公曰：“甲兵大足矣，吾欲从事于诸侯，可乎？”管仲对曰：“未可。治内者未具也，为外者未备也。”故使鲍叔牙为大谏（所以谏正君），王子城父为将，弦子旗为理（理狱官），宁戚为田（教以农事）。（自此以上理内，以下理外）隰朋为行（行人，通使诸侯），曹孙宿处楚，商容处宋，季劳（季友）处鲁，徐开封（卫开方）处卫，匽尚（晏子）处燕，审友（支）处晋（令此诸贤各处诸侯之国者，所以讽动之，令归齐也）。

又游士八千人，奉之以车马衣裘，多其资粮，财币足之，使出周游于四方，以号召收求天下之贤士。饰玩好，使出周游于四方，鬻（yù）之诸侯，以观其上下之所贵好，择其沉乱者而先政（政者，正也）之。

公曰：“外内定矣，可乎？”管子对曰：“未可，邻国未吾亲也。”

公曰：“亲之奈何？”管子对曰：“审吾疆埸（yì，边境），反其侵地，正其封界，毋受其货财，而美为皮币，以极聘覜（见）于诸侯，以安四邻，则邻国亲我矣。”

桓公曰：“甲兵大足矣，吾欲南伐何主（以何国为征伐之主）？”管子对曰：“以鲁为主，反其侵地棠、潜（地名）。使海于有弊，渠弥于有陼（zhǔ，后教之穿渠，弥亘于河渚），纲山于有牢（教之立国，城必依山以为纲纪，而有牢固）。”

桓公曰：“吾欲西伐，何主？”管子对曰：“以卫为主，反其侵地吉台、原姑与柒（漆）里，使海于有弊，渠弥于有陼，纲山于有牢。”

桓公曰：“吾欲北伐，何主？”管子对曰：“以燕为主，反其侵地柴夫、吠狗（地名），使海于有弊，渠弥于有陼，纲山于有牢。”

四邻大亲，既反其侵地，正其封疆，地南至于岱阴（岱山之北），西至于济，北至于海，东至于纪随（地名），地方三百六十里。

〔三〕

三岁治定，四岁教成，五岁兵出。有教士三万人，革车八百乘。

诸侯多沉乱，不服于天子。于是乎，桓公东救徐州，分吴半（分吴地之半），存鲁蔡陵（地名），割越地。南据宋、郑，征伐楚，济（渡）汝水，逾方地（方城之地）。望文山（楚山），使贡丝（楚丝）于周室。成周反胙（zuò，周室有事，归胙于齐）于隆岳（齐，太岳之后），荆州诸侯莫不来服。中救晋侯，禽（擒）狄王，败胡貉，破屠何（东胡之先），而骑寇（北狄以骑为寇）始服。北伐山戎，制（击也）泠支，斩孤竹，而九夷始听。海滨诸侯，莫不来服。西征攘白狄之地，遂至于西河（龙门之西河）。方舟投（束）柎，乘桴济河，至于石沈（地名）。悬车束马，逾大行，与卑耳之貉；拘秦夏，西服流沙西虞（国名），而秦戎始从。故兵一出，而大功十二（自救徐州以下，有十二也）。故东夷、西戎、南蛮、北狄、中诸侯国，莫不宾服。

与诸侯饰牲为载书（要盟之辞，载之于策），以誓要于上下，荐神（谓以盟载之词，要誓于神祇为盟誓，又以其牲荐之于神）。然后率天下，定周室，大朝诸候于阳谷。故兵车之会六，乘车之会三,九合诸侯，一匡天下。

这是什么局势？天下是一盘棋。

甲不解垒（不解甲于垒），兵不解翳（翳所以蔽兵，不解兵于翳），弢（弓衣）无弓，服无矢（无弓无矢，亦言不用），寝武事，行文道，以朝天子。

葵丘之会，天子使大夫宰孔致胙于桓公，曰："余一人之命，有事于文武（有祭事于文王武王之庙），使孔宰致胙。"且有后命曰："以尔自卑劳，实谓尔伯舅毋下拜。"

桓公召管仲而谋，管仲对曰："为君不君（君命臣无下拜，是不君也），为臣不臣（臣承命而不让，是不臣也），乱之本也。"

桓公曰："余乘车之会三，兵车之会六，九合诸候，一匡天下，北至于孤竹、山戎、秽貉（西北之貉），拘秦夏；西至流沙、西虞，南至吴、越、巴、牂牁（zāng kē）、䝤（湖南苗族）、不庾、雕题（交趾）、黑齿（南夷之诸国），荆夷之国，莫违寡人之命，而中国卑我（中国之人，不尊崇乐推，使居臣位，是卑我也）。昔三代之受命者，其异于此乎？"

管子对曰："夫凤皇鸾鸟不降，而鹰隼鸱枭丰，庶神不格（众神不至，则未歆其祭享），守龟不兆（国之守龟，不以信诚告之）。握粟而筮者屡中（握粟出卜，龟长筮短。长者不告而短者告，是德之不至），时雨甘露不降。飘风暴雨数臻（至），五谷不蕃（茂盛），六畜不育，而蓬蒿藜藋并兴。夫凤皇之文，前德义后日昌（明先德义，乃可以日昌）。昔人之受命者，龙龟假（至），河出图，雒（洛）出书，地出乘黄（神马）。今三祥未见有者。虽曰受命，无乃失诸乎？"

桓公惧，出见客曰："天威不违颜咫尺，小白承天子之命，而毋下拜，恐颠蹶于下，以为天子羞。”遂下拜，登受赏服、大路、龙旗九游、渠门赤旗。天子致胙于桓公而不受，天下诸侯称顺焉。

桓公忧天下诸侯。鲁有夫人与庆父之乱，而二君弑死（庆父通庄公夫人姜氏，弑子般，又弑闵公），国绝无后。桓公闻之，使高子存之（《春秋·闵公二年》：”冬，齐高子来盟。”《公羊传》曰：“桓公使高子将南阳之甲，立僖公而城鲁。”）。男女不淫（乱杂），马牛选具（选择其善者以成具，欲以贡齐也），执玉以见，请为关内之侯（请为齐关内之侯），而桓公不使也。狄人攻邢，桓公筑夷仪以封之。男女不淫，马牛选具，执玉以见，请为关内之侯，而桓公不使也。狄人攻卫，卫人出旅于曹（客居于曹），桓公城楚丘封之，其畜以（已）散亡，故桓公予之系马（马在闲厩系养之，言其良也）三百四，天下诸侯称仁焉。

于是天下之诸侯知桓公之为已勤也，是以诸侯之归之也譬若市人。桓公知诸侯之归已也，故使轻其币而重其礼，故使天下诸侯以疲（瘦）马犬羊为币，齐以良马报；使诸侯以缕帛布、鹿皮四分（四分其鹿皮）以为币，齐以文锦虎豹皮报。诸侯之使，垂橐（gāo，言其空也）而入，攗（méi，收拾）载而归。故钧之以爱，致之以利，结之以信，示之以武。

是故，天下小国诸侯既服桓公，莫敢之倍（背）而归之，喜其爱而贪其利，信其仁而畏其武。桓公知天下小国诸侯之多与己也，于是又大施惠焉。可为忧者为之忧，可为谋者为之谋，可为动者为之动，伐谭莱而不有也，诸侯称仁焉。通齐国之鱼盐于东莱（自东莱通鱼盐于诸侯），使关市几（稽）而不正（征也），廛（chán）而不税（察其奸非，而不征税），以为诸侯之利，诸侯称宽焉。筑蔡、鄢陵、培夏、灵父丘，以卫（保卫）戎狄之地，所以禁暴于诸侯也。筑五鹿、中牟、邺、荩与社丘，以卫诸夏之地，所以示劝于中国也。

教大成，是故天下之于桓公，远国之民望如父母，近国之民从如流水。故行地滋远，得人弥众。是何也？怀其文而畏其武。故杀无道，定周室，天下莫之能圉，武事立也；定三革（车、马、人皆有革），偃五兵，朝服以济河而无怵惕焉（谓乘车之会），文事胜也。

是故大国之君惭愧，小国诸侯附比。是故大国之君事如臣仆，小国诸侯欢如父母。夫然，故大国之君不尊（不以国大加其尊礼），小国诸侯不卑（不以小学而卑其敬）。是故，大国之君不骄，小国诸侯不慑。于是，列广地以益狭地，损有财以益无财。周其君子，不失成功（周给君子，得其力用，故不失成功也）；周其小人，不失成命（周给小人，怀德而归，故不失成命也）。夫如是，居处则顺，出则有成功，不称动甲兵之事，以遂文武之迹于天下（既以朝服济河，故不称甲兵，文德成也；大国畏威，事如臣仆，武功立也）。

桓公能假其群臣之谋，以益其智也。其相曰夷吾，大夫曰宁戚、隰朋、宾胥无、鲍叔牙。用此五子者何功（能用此五子，何功而不成）？度义光德，继法绍终，以遗后嗣，贻孝昭穆（父昭子穆，别父子、远近、长幼、亲疏之序），大霸天下，名声广裕，不可掩也。则唯有明君在上，察相在下也。

初，桓公郊迎管子而问焉。管仲辞让，然后对以参国伍鄙，立五乡以崇化，建五属以厉武，寄兵于政，因罚（刑罚）备器械，加兵无道诸侯，以事周室。桓公大说（悦），于是斋戒十日，将相管仲。

管仲曰："臣斧钺之人也，幸以获生，以属（缀连）其腰领，臣之禄也。若知国政，非臣之任也。"公曰："子大夫受政（受政而辅我），寡人胜任（我则胜君之任）；子大夫不受政，寡人恐崩。"管仲许诺，再拜而受相。

三日，公曰："寡人有大邪三，其犹尚可以为国乎？"对曰："臣未得闻。"公曰："寡人不幸而好田（田猎），晦夜（夙兴晦夜之时）而至禽侧（已至禽之侧畔），田莫（暮）不见禽（其田必见禽）而后反（日暮不见禽而后返）。诸侯使者无所致（既专于田，故使者不得致命），百官有司无所复（百官有司不得白事）。"对曰："恶则恶矣，然非其急者也。"

公曰："寡人不幸而好酒，日夜相继，诸侯使者无所致，百官有司无所复。"对曰："恶则恶矣，然非其急者也。"

公曰："寡人有污行，不幸而好色，而姑姊妹有不嫁者（荀子曰：'齐桓，五伯之盛者也，内行则姑姊妹之不嫁者七人。'）。"对曰："恶则恶矣，然非其急者也。"

公作色曰："此三者且可，则恶（何）有不可者矣？"（此三者尚以为可，岂更有不可于此者？）对曰："人君唯僾（昏昧貌，态度不明）与不敏（虑深通敏，敏则有功）为不可，僾则亡（无）众，不敏则不及事。"

公曰："善，吾子就舍（馆舍歇息），异日（他日）请与吾子图之。"对曰："时可，将与夷吾，何待异日乎？"

公曰："奈何？"对曰："公子举为人，博闻而知礼，好学而辞逊，请使游于鲁，以结交焉。公子开方为人，巧转而兑（锐）利，请使游于卫，以结交焉。曹孙宿其为人也，小廉而苛伏（言多所惯习），足恭而辞结（其辞能与人定交结），正荆之则（此人立行正与荆人同）也，请使往游（使之往，必得荆人欢心），以结交焉。"遂立行三使者而后退（使三使行出，然后退）。

〔四〕

相三月，请论百官。公曰"诺。"管仲曰："升降揖让，进退闲习，辨辞之刚柔，臣不如隰朋，请立为大行（大行人，大使）。垦草入邑，辟土聚粟，多众尽地之利，臣不如宁戚，请立为大司田。平原广牧（广远可牧之地），车不结辙，士不旋踵，鼓之而三军之士视死如归，臣不如王子城父，请立为大司马。决狱折中，不杀不辜，不诬无罪，臣不如宾胥无，请立为大理。犯君颜色，进谏必忠（尽己），不辟（避）死亡，不挠（屈）富贵，臣不如东郭牙，请立以为大谏之官。此五子者，夷吾一不如（于五子，各不如其一），然而以易夷吾（以五子之能易夷吾之德），夷吾不为（则夷吾所不能）也。君若欲治国强兵，则五子者存矣；若欲霸王，夷吾在此。”

管仲自许：霸王之业，非我莫属。

桓公曰："善。"

一、正月之朝……二、匹夫有不善；三、三岁治定；四、相三月，请论百官……若欲霸王，夷吾在此。

以上为《管子·小匡》之胆。全篇看，看这篇是什么，检讨之。

第三章 牧民第一

《牧民》是《管子》一书最重要的一篇。

牧，或作“治”，不对。“羔羊之牧，道义者师”，《易经·谦卦》曰：“谦谦君子，卑以自牧。”“牧”，养也。牧民、州牧，此“牧”比“养”意义更深，含无尽的爱。

读书，了解深意，启发良知，归于性。漂浮，不能用，与世浮沉。深入，不能做违背良心的事。蜉蚁生命，不出一日。发心，成功快，久经世故，读一句，变成生活，对外面事，马上有感觉。对每字要深入，必看《说文解字》。以一个为“经”，再以其他为纬，触类旁通。心境不同，所得亦不同。

有些人谈对“五四”的反省，不知所云，胡扯！“五四”，不是有计划的运动，是被环境逼的。胸无半点墨，焉能成事？将来就一个“覆”字，以此结尾。

我的“自牧斋”，于右任手笔。

最聪明的人，是最愚的人，如西太后。畜生都懂得爱，人不懂得爱做什么，何以一见利，就忘了义？辜显荣不懂得是非、什么是汉奸。不能将所学用于品德上，就完蛋！

凡有地牧民者，务在四时，守在仓廪。

有爱心，能救民，非治民。

“务在四时”，当务之急在识时。四时，春耕、夏耘、秋收、冬藏。二十四节气，要按节气过活。

“守在仓廪”，仓廪，五谷打下，未去皮的置于仓中。

“务在四时，守在仓廪”，以民生为本。

国多财则远者来，地辟举（地举辟）则民留处，仓廪实则知礼节，衣食足则知荣辱，

“地举辟”，地尽其利；“民留处”，人留安居处。

“仓廪实”，民生为第一要义；“知礼节”，无论男女，都要守节。知礼，不越礼，就叫节。竹，中空外直，虚才能受。虚心竹有垂头叶，高风亮节。

台湾地区今天经济第一个有贡献者林崇墉（1907—，林则徐玄孙，陈宝琛幺女婿）。林衡道（1915—1997）之父林熊祥（1896—1973），小时候在福州长大。陈太傅与板桥林家有姻亲关系。

做事，大前提得弄清楚。没钱，就连亲生子也未必养你。我所言皆血淋淋，在唤醒你们。你们应好好平平安安过日子。自己站得住，行有余力，再去做善事。衣食足，然后知荣辱。

“公是公非”无，就没有活着的价值。活着于人有好处，就有意义。

上服（行）度（法）则六亲固，四维张则君令行。

“上服度”，则不失礼节，因上行下效。“度”，包含太多，量尺度，法度。得量度、量度。台湾之乱，乱在有些人的嘴。

“六亲”，父母、兄（姐）弟（妹）、妻子（儿女），“六亲固”，我家四代不纳妾，我被师母遥控。

故省刑之要，在禁文巧；守国之度，在饰（整饬）四维；

“禁文巧”，不见可欲，则不犯法。《老子・第三章》曰：“不见可欲，使民心不乱。”

“饰四维”，好好整饬四维，必使时代人有人样。

扁尚未登台，就乱至此。完全没脑，就争权夺利。区区弹丸之地，就这么乱。

顺民之经（法），在明（尊）鬼神、祗（zhī，敬）山川、敬宗庙、恭祖旧（旧故之人）。

“祗”，示，指祭祀。“明鬼神、祗山川”，祭在报恩，不忘本，“慎终归远，民德归厚”（《论语·学而》），社会风气归于敦厚。

“敬宗庙、恭祖旧”，“故旧不遗，则民不偷”（《论语·泰伯》），不薄于义。人不忘旧，焉能数典忘祖？

人祖伏羲，生于陇西成纪，今甘肃天水。

不务天时，则财不生；不务地利，则仓廪不盈。

务，专心致志。当务之为急，今之当务是什么？

“务天时”，不违农时。“务地利”，尽地利。

野芜旷（空），则民乃菅（营，贪也）；上无量，则民乃妄。文巧不禁，则民乃淫；不璋（障）两原，则刑乃繁。

“文巧不禁，则民乃淫”，则一切都超过标准。“淫”，过分。

淫祀，“非其鬼而祭之，谄也”（《论语·为政》）。我母亲聪明，才华高，但这句就没读明白，一生拜《法华经》，就是贪！我喜上庙，但不拜。

“两原”：“上无量”“文巧不禁”。“刑乃繁”，“必也使无讼乎”（《论语·颜渊》），无讼，乃大本之所在。

今天学校老师如不讲道德，学生怎会懂？如果好学生都夺人妻，那坏学生岂不卖国？什么都可以原谅，卖国绝不可以原谅。

不明鬼神，则陋民不悟（悛，改也）；不祗（敬祀）山川，则威令不闻。

“神”，妙万物者；“鬼”，祖宗。中国为“鬼神观”。“明”，《大学》“在明明德”，明生生之德。道家称“元始天尊”。

陋，孤陋寡闻，“君子居之，何陋之有”（《论语·子罕》），不怕陋，要“无固”，“学则不固”（《论语·学而》），学就不固陋。

不敬宗庙，则民乃上校（校是非）；不恭祖旧，则孝悌不备。

“旅于泰山”（《论语·八佾》），旅亦祭。“孝悌”，宗庙之旅。旧时中国祭政合一，政治亦有政治伦理。

四维不张，国乃灭亡。

以“礼义廉耻”作校训，但挂牌子没用，在行。“四维不张”，灭亡了。

右国颂。

“颂”，容也，叙其成功之形容也。

培养苗子，自幼儿开始。教育不深，则留不住，一下就过去。

必立志，奋斗，非没希望。

国有四维，一维绝则倾，二维绝则危，三维绝则覆，四维绝则灭。倾可正也，危可安也，覆可起也，灭不可复错（措，置也）也。

“维”，网，纲，维系、维持。“四维”，四大纲领。

人就是自欺，等真正不自欺，就明白了。真的很不容易！

灭，不可复置也。

华夏，中国人的责任。日月以光华，日月光华。

何谓四维？一曰礼，二曰义，三曰廉，四曰耻。礼不逾节，义不自进，廉不蔽恶，耻不从枉。

“礼不逾节”，节，竹子有节，中空，虚而能受。竹子，有一定的节，一节一节，绝不超过，礼也，“天理之节文”。

“义不自进”，“绘事后素”（《论语·八佾》），如“白受采”（《礼记·礼器》）。想一生灿烂，必保有一白的人品，千万不可以做亏心事。

“廉不蔽恶”，要除恶，“遏恶扬善”（《易经·大有卦》）。姑息养奸，到什么时候都骂你，花你钱的没一个会感谢你，认为你是还他钱。该杀就杀几个，就可不用兵车。

“耻不从枉”，耻必从直，“人之生也直”（《论语·雍也》），“率性之谓道”（《中庸》），必要对得起良知。

读书消气，增长志气。有多高的成就，一走上错路，最后一定失败。

有“有孚颙若”，就会“盥而必荐”（《易经·观卦》卦辞：“盥而不荐，有孚颙若”），诚意。《大学》曰：“意诚而后心正。”心猿意马，故要诚意、正心。

家合万事兴，如连家都不和，每天活在痛苦中，那活着有何意思？钱是万恶，动什么心眼儿都有，完全为一己之名利！人必要活得有意义。

故不逾节则上位安，不自进则民无巧诈，不蔽恶则行自全，不从枉则邪事不生。

右四维。

“不逾节”，非停止，不逾闲，在自己范围内好好发展。给夏学立威！

我不用过量的东西，总觉得有所愧对。今天，要什么有什么，怎不做点好事？

画四君子的，未必是君子。画与画家的人品攸关，就怕有盛德之累，如墨云（溥儒之妾）之于溥二爷（溥儒）！

选配偶一定要注意，不要有过多的要求，但必要尽家庭的责任。昔娶妻以德，今天女子学位愈高，家愈不像样，往往败家！找个老婆，什么也不懂，岂不天天生闲气？我身轻如燕，一切不管！人生在世，至少必要有一安乐窝，所以要好好择偶。

“不从枉，则邪事不生”，做一事，必考虑是直是枉。懂得“耻不从枉”，一辈子就没有“耻”字问题。

练习怎么读书，下功夫，以一为经，其他为纬。

培智，无智不能成事，谁没有欲望？妄想，不是志。台湾已定论，早晚而已。

北京的“总理衙门”与“六部”，建筑之美！

总理衙门：位于北京东堂子胡同，恭亲王奕䜣设立于1861年，1901年改为外务部。

六部：吏部为管理文职官员的机关；户部掌全国疆土、田地、户籍、赋税、俸饷及一切财政事宜；礼部掌典礼事务与学校、科举之事；兵部掌全国军卫、武官选授、简练之政令；刑部主管全国刑罚政令及审核刑名；工部管理全国工程事务，职掌土木兴建之制，器物利用之式，渠堰疏降之法，陵寝供亿之典，举凡全国土木、水利工程，机器制造工程（包括军器、军火、军用器物等），矿冶、纺织等官办工业无不综理，并主管一部分金融货币和统一度量衡。

读书是一辈子的事，做专门研究，必要有所选择。如照单接收，即读书不细心。练习心细。能精细，是细心的功夫。精，“大哉乾乎！刚健中正，纯粹精”（《易经·乾卦·文言》）。怎么下精一的功夫？舜“惟精惟一，允执厥中”，执谁的中？

你们太呆了，我大智若愚，天天就读那一本书。你不多显，还不知你无知。每一句都当成问题看，才能进步。我将以前的注，完全改正了。不论谁骂，我绝不反应，怕你借了光。皆与草木同朽。不要偶俗，按己之功夫，好好努力。

怎么认识人？你骂我，因我和你不一样，你没法比。真有学术氛围的话，学阀还能混饭吃？

你们可懂我的雄心？满族人的热情，不同于汉族人，你们懂什么？慢慢就用上了！

外国人就好怪，王八看绿豆，对眼了！无论什么人第一次请吃饭，如想绝交，就拒绝。

一个人必须脚踏实地，想留点东西，更必须脚踏实地，必千锤百炼。占一席之地才能传，得与历史争，不要白活。聪明过度者，才和世俗争。怪论，好奇者必参考。人要做什么像什么。

人有伦，偷偷摸摸，把伦乱了。师生，犹父犹子。一个人要走正经的路，净走偏锋，最后没法收拾。谣言止于智者。

等退休再打太极拳，来不及！什么时候开始修，永保持那时的精神。净自欺，“人之视己，如见其肺肝然”（《大学》）。无大志，那就好好过人生，必要有一安乐窝。

弘一，律宗中兴之祖。中法心源，“意”，立日心，为第一步功夫。

《五经》皆源于《易》。《易》为体，《春秋》为用。

《易经》观卦于人生、社会有什么用？中国就讲做人，分善人、君子、贤人、圣人、大人。在乱世守不住，将来就没有立身之道。一步走错，将来为子孙忧。不要贪图，那么大的功，也不过尔尔！

给学生讲《管子》，是知识压迫。黄石公碰到一个人（张良），才给那本书（《三略》）。什么计算都没有用，修元帅林如孔林，今成“汉石雕博物馆”。

我回东北，委曲求全，至少达目的了，为祖宗。

读书的目的，在学会怎么做事，可以纠合诸侯，不以兵车。必要时釜底抽薪，使他站不住。懂此，才知怎么处理环境的问题。

当成下棋般，都想一遍。想治世，没看出三五步棋，不能成功。九合天下，不以兵车，则必看九步棋。

看管子三人，如何合作、分工？连谁先死谁后死，都决定了。

险在“利口之覆邦家”（《论语·阳货》），如不懂得守口，则一事无成，失败在利口。吕某有如刘邦的吕后（懂心机），毒辣不亚，智慧则不如。

必要想，想完后，就“豫则立”（《中庸》）。问题究竟何在？必说清楚，讲明白。一厢愿意，戏台想媳妇。

看强权政治之霸道！何以美国要做世界警察？

你们何以不说话？学会站住脚跟，然后论事。

思路、理路，要学会想。《管子》想通了，可以组最有力的团体。真有智慧，能同心协力，则足以有为。

焉有自天上掉下来的领袖？自团体出，绝无二心。五个一小组，五百人中选出一个领袖，三三两两，不出一年，可有五十人。

你们没见过真人物，我说的话会懂？政治家还能生气？

命运，应掌握在自己手中，大家都想安和乐利。百姓无不想过上美好的生活。

有命令，开完会，交小组执行，谁也不认识谁。一小组坏了，不影响全局。人和人不一样，你们哪里懂？一个人得有智慧，要好自为之。

《管子》难读，慢慢读，可以受启示。“学而时习之”，时变，但原则不变。一步步地九合诸侯，不以兵车。

同学来，都低头丧气走，如连规划都没有，那找我做什么？我恨你们的无知！不表达自己的意见，谁表达你们的意见？“天下有道，政不在大夫”（《论语·季氏》），在庶民，所以“首出庶物，万国咸宁”（《易经·乾卦》）。

八旗制度，与《管子》那套，绝对相合。先预备好，然后布局。

人活着，必要有价值。中国学问太丰富，必要精熟，熟能生巧，精才能用。

董事会：任远董事，“仁以为己任，不亦重乎？死而后已，不亦远乎”(《论语·泰伯》)，以同学为基础，以德为本。儒林院：院士、研究员、副研究员，以学问、道德作为品评。

我这盘棋绝对除奸，除奸为第一要义。平日必养成镇定功夫，才能造次、颠沛必于是。讲实行的方法，修养就是德行，必要有特别沉静的功夫，好好锻炼自己，必要下真功夫。

霸者，非王道。但行王道，必先自霸道入手，由霸道而王道，而后大道，“大道之行也，天下为公”，“首出庶物，万国咸宁”，人人皆有士君子之行，人人皆可以为尧舜。

王道：王者，天下所归往也。霸道：一匡天下，不用兵车，备而不用。管仲只及霸，其器小哉！霸者之仁，拒夷狄，故“微管仲，吾其被发左衽矣”(《论语·宪问》)，成霸者之业，必拒夷狄。

失败后，有智慧，发愿又一村。我的又一村，绝对比先朝那一村建设大。版图是有形的，要建设无形的天下文化、中国思想的据点。研究学问如打常山之蛇，要有灵敏的反应。立志读书，读一辈子书，做人类最标准的中国文化学者。

埋怨人不争气，不能把文化塑到无敌。

时间到，证明一切。天下，没有际界。是办法与术，必要有修养（德行），才办得到。

于国家有害的都骂，第一要义得爱国。欺心，就是罪孽；别人不知，自己知。反战，称天德。乱世，头脑必得清楚，一个判断错，必贻害苍生。必要守得住，儒林院会给你们公正的裁判。

知自己为什么而活？学得好，下笔自然通顺。

立个目标。外交方面，纵横。周恩来是最成功的外交家，一等一的人才。读明白了，再跟我讲。选一个，精读之，不可以画地自限，必要有往前冲的劲。多看书，心中自有主宰。读书必要精，好好下功夫。死了就结束了，哪有来生？人生不易，应好好活下去。功夫不到，一事无成。捡便宜的，无一不身败名裂。

择业太重要，如矢人与函人，“矢人惟恐不伤人，函人惟恐伤人”（《孟子·公孙丑上》）。无论在什么环境，都要在那个环境造就自己。自己没看得起自己，最为可怕。如能终生奋斗之，则无不成功。

我两手会开枪。老士官长重要，是作战时的灵魂人物，身经百战，枪一响，精神得不得了。奋斗有目标。天无弃物，基础必要打好，本立而道生。贤者在位，领导人绝对要有品，治事则必除奸，且除恶务尽。

华夏学菀（苑），划分很多区。有理想，要好好设计。依经解经，要印证。你们要好好培养。刘邦，领袖人才；管仲，将相人才。一出手低，能有成就？许多事自基本解决，做事业本立而道生。

正气，并不是搁嘴说的，“蒙以养正，圣功也”（《易经·蒙卦》），要好好练达。如不上道，后果绝对堪怜！走得太顺利，将来一事无成。

“不可因怒而兴师”（《孙子兵法·火攻》），引申：兴刑……

自年轻，必要有基本的素养。想有成就，无品绝对办不到，有洁白的人格，才能发挥自己。人就怕内讼。

改名与否，不重要，视有无作为。擒贼先擒王，“草上之风，必偃”（《论语·颜渊》）。做事不可以倒行逆施。

政治太可怕，要防未然，绝不容许外人再介入。一个人必有情义在，吃奶水长大的，难道不懂得报恩？人绝对不可以忘恩负义。

搞政治必得狠，且除恶务尽，姑息就养奸。不是慈济，要稳、狠、准，对事不可以误判，必要明辨之。

有人向你示惠，证明你绝对出卖这个地方。不可以因不喜，就卖国。爱国，没有借口。

唐，西凉后；元，蒙古人；满，满蒙混血。文化，领先的文化会把低的同化。文化高的自然影响低的，没法拒绝。

看完书，得活用之，否则思想不能生根。“人之生也直”，“率性之谓道”。

意，诚意，意是什么？修德，要先诚意。

人得培养，如同栽一棵树，每天得浇水、检查。怎么培养读书能力和智慧？每晚睡前读一章，培养毅力、志趣、智慧。每早学新东西、外国语。读时，必要正襟危坐，养沉静的功夫。天下绝无巧得之事。

以事卜事。白嘉莉回来主持晚会，有何感想？了悟、批判，如何据此定事？任何一举动，判断是怎么一回事。不要随便做事。

登台前下雨了！风长雨短。任何一件事出，即可占见。醒狮最可怕！中国现已是醒狮。我看你们没出息，才骂你们，举哀！你们一举一动，使我感到悲哀，未入流！

读书不怕慢，慢才能精。懂一句，慢慢就懂十句。方法谁都知，持之以恒最难！放在眼前的格言，谁看了？根本视若无睹！

“圣人不能生时，时至而不失之”（《战国策》“圣人不能为时，时至而弗失”），做事绝不可以轻举妄动，否则将自己的无能告诉人了！人要往外发展，我骂你们无耻、无能！昔人在胎中，早就听正经事了！

少壮不努力，老大徒伤悲。人不到境界，绝对不成熟。向历史争短长，人要有大志。进止，要特别注意。不用卜，你的一举一动都告诉人了。我恨铁不成钢。

政之所兴，在顺民心；政之所废，在逆民心（顺民心则兴，不顺民心则废）。**民恶**（讨厌）**忧劳，我佚乐之；民恶贫贱，我富贵之；民恶危坠**（落，陷祸），**我安存之；民恶灭绝，我生育之。能佚乐之，则民为之忧劳；能富贵之，则民为之贫贱；能安存之，则民为之危坠；能生育之，则民为之灭绝。故刑罚不足以畏**（恐）**其意，杀戮不足以服其心。故刑罚繁而意不恐，则令不行矣；杀戮众而心不服，则上位危矣。故从其四欲，则远者自亲；行其四恶，则近者叛之。故知"予之为取者**（谓与之生全，取其死难也），**政之宝也"。**

右四顺。

"无所不用其极"（《大学》），"无入而不自得"（《中庸》）。求知，易；将所知用上，不易！

"一人有庆，兆民赖之。"（《尚书·吕刑》）有些人最大的长处，就是不懂自己不懂。如此浑，无厚望。

错（措，置也）**国于不倾之地，积**（积粮）**于不涸之仓，藏于不竭之府，下令**（政令）**于**（如）**流水之原**（源），**使民于不争之官。明必死之路，开必得之门。不为不可成，不求不可得，不处不可久，不行不可复**（终始）。

“不求不可得”，一般人最大的苦，乃求不得之苦。不要将妄想当成志。

“不处不可久”，先看能用多久，不可久的环境，人事关系都不可靠。明知绝路，却要冒险。

错国于不倾之地者，授有德也；积于不涸之仓者，务五谷也；藏于不竭之府者，养桑麻育六畜也。

找一个尽职的老婆。今天有几家过人的生活、循规蹈矩的？人生必要有一温暖的家，人没有知识最幸福。

我活这么大，没有三年家庭生活，毁家纾难。但家毁了，难并未纾。

人生就一次，没有轮回，走错路没法弥补。小聪明耍得多，创伤愈多。

下令于流水之原（源）**者，令顺民心也；使民于不争之官者，使各为其所长也**（各展其所长，则顺而悦，故不争）。**明必死之路者，严刑罚也；开必得之门者，信庆**（善）**赏也。**

“令顺民心”，则下令如流水。

“使各为其所长”，人皆有才华，就看上司有无“分”的才能。鸡鸣狗盗之徒，都要备而不用。

不为不可成者，量民力也；不求不可得者，不强民以其所恶也；不处不可久者，不偷取（苟取）一世也；不行不可复者，不欺其民也。

不苟取一世之名，要取万代之名。要认识自己，下精细功夫，则永攻不破。

故授有德，则国安；务五谷，则食足；养桑麻，育六畜，则民富；令顺民心，则威令行；使民各为其所长，则用备；严刑罚，则民远邪；信庆赏，则民轻难；量民力，则事无不成；不强民以其所恶，则诈伪不生；不偷取一世，则民无怨心；不欺其民，则下亲其上。

右士（事）经（谓陈事之可以常行者也）。

持家过日子，焉可天天浪费？日子久了，还得了！做事，量己力而为，则事无不成。

“祥事无端”，难言啊！于吕，看女人的变态。再狂妄下去，就杀人八十多刀，走路根本像疯狗。

一个人必要有日课，越是读书，越是将昔日所写毁了。读书与年龄、环境有关。

以家为乡，乡不可为也；以乡为国，国不可为也；以国为天下，天下不可为也。以家为家（一亲也），以乡为乡（二亲也），以国为国（三亲也），以天下为天下（四亲也）。

内外大小，各有所治。

“以天下为天下”，“天下文化”在管子即有。孔子为集大成，至大无外，无所不包、无所不容。

毋曰不同生（姓），远者不听；毋曰不同乡，远者不行；毋曰不同国，远者不从。如地如天，何私何亲（五亲也）？如月如日，唯君之节（六亲也）。御民之辔，在上之所贵；道（导）民之门，在上之所先（率先）；召民之路，在上之所好恶。

“如地如天，何私何亲？”天无私覆，地无私载，公而无私。

“御民之辔，在上之所贵”，两马四个辔。礼义廉耻，国之四维。

“召民之路，在上之所好恶”，民之所好好之，民之所恶恶之。

故君求之，则臣得之；君嗜之，则臣食之；君好之，则臣服之；君恶之，则臣匿之（一法）。毋蔽汝恶，毋异汝度，贤者将不汝助。言室满室，言堂满堂，是谓圣王（二法）。

“君子正其衣冠，尊其瞻视”（《论语·尧曰》），不异己度。

“言室满室，言堂满堂”，广开言路，开诚布公。

学皮毛则可，学胸怀可不易。

城郭沟渠，不足以固守；兵甲强（勇）力，不足以应敌；博地多财，不足以有众。惟有道者，能备患于未形也，故祸不萌（三法）。

“城郭沟渠，不足以固守”，明修圈（juàn），即长城；清修庙，承德外八庙。

“备患于未形”，能防未然，“故祸不萌”。

天下不患无臣，患无君以使之；天下不患无财，患无人以分之。

“分之”，必要有识人之智。圣人善分民。“千里马常有，而伯乐不常有。”

故知时者，可立以为长；无私者，可置以为政；审于时而察于用，而能备官者，可奉以为君也（四法）。缓者后于事，吝于财者失所亲，信小人者失士（五法）。

一个人如生活不正常，会失掉才智。

政治家必是哲学家，最低也应是史学家。大丈夫是海阔天空。政治家的智慧是无尽量的，取之不尽，用之不竭。

“能备官者”，分析之，看其长于什么而任用之。不要做力量不够的事。满山山产，却跑到动物园抓兔子，有用？

发财与理财不同。一叶落而知秋，“履霜，坚冰至”。

右六亲五法。（身一、家二、乡三、邦四、天下五，治法不同，是谓五法。六亲亦在法中，是为六亲五法。）

扫一扫，进入课程

第四章 权修第三

尹知章：权者，所以知轻重也。君人者，必知事之轻重，然后国可为，故须修权。

“权”，“所以知轻重也”；“修”，术也。“权修”，役民之术。有术，就有成就。自强，自富。

《商君书》有《修权篇》，配合看。

《商君书·权修》：国之所以治者三：一曰法，二曰信，三曰权。法者，君臣之所共操也；信者，君臣之所共立也；权者，君之所独制也。人主失守，则危；君臣释法任私，必乱。故立法明分，而不以私害法，则治；权制独断于君，则威；民信其赏则事功成，信其刑则奸无端。惟明主爱权重信，而不以私害法。

万乘之国，兵不可以无主；

“兵不可以无主”，军不可以无将。“主”，非将，“三军可夺帅也”（《论语·子罕》）。士官长有作战经验，为兵中之主，枪声一作，精神百倍，影响军心甚巨。成军，没说成兵。

无论研究什么，都得一个字、一个字研究，才用得上。官愈大，支配得愈少。

兵有主，永不能叛，枪口马上对准。攻破一角，最多攻破一小组，不影响大局。此八旗制度的优点所在。依此类推。

土地博大，野不可以无吏（无吏则不厉于垦辟）；**百姓殷**（盛）**众，官**（管）**不可以无长**（组织必严密）；**操民之命，朝不可以无政。**

“吏”，长也。“野不可以无吏”，无吏则不利于垦辟。

“官”，管也。“官不可以无长”，组织必严密。什么地方设官？层次分明，才能管理团体。

千古事业得千古人。天下哪有白捡的？台湾之乱，完全一无所知。

朝政（中央政府）是干什么的？操民命的。民命重要，官的操守就很重要，得如何慎重地操民命。

有脑子不能分层次，一点用都没。书有旧，但智慧一点也不旧。我所说闲话，皆有所本。

地博而国贫者，野不辟也；民众而兵弱者（兵无主，虽众而弱），**民无取**（耻）**也。**

管子有一套，因有术，非有权。昏君有权，什么也弄不好。

故末产（手工业、商业）**不禁，则野不辟；赏罚不信，则民无取**（耻）。**野不辟，民无取**（耻），**外不可以应敌，内不可以固守。**

女孩真明白，就懂得治家，可以井然有序。这五十年，将台湾优良风气完全给毁了。有一个家像家？就放任所欲。

重欲轻术，家自为俗，此所以乱也，把通礼、通例都毁掉。此风不可长，上好下甚。受完害后，再走回头。

有前车之鉴，就应再立教。救世，得自中国人开始。

故曰：有万乘之号，而无千乘之用，而求权之无轻，不可得也。

《商君书·权修》：夫释权衡而断轻重，废尺寸而意长短，虽察，商贾不用，为其不必也。

“有万乘之号，而无千乘之用”，一切成泡沫。

不富，就不能强。有战争，财力、物力什么都没了。设若有战争，要如何处理？打得有战术，和亦得有求和之术。

我告诉你们怎么用智慧、怎么读书。团体必三三两两，才能发挥效用。空降部队，下面不接收，组织没有效率。不练习团结，任何团体、国家都没有希望，一盘散沙，谁听你的？你们是我的弟子。没脑子不能成事，被窝还没热，就垮了！

地辟而国贫者，舟舆（车）饰，台榭广也；赏罚信而兵弱者，轻用众，使民劳也。舟车饰，台榭广，则赋敛（赋税）厚矣；轻用众，使民劳，则民力竭矣。

身体何以弱？轻用身，使情劳，好色过度。所以再怎么补，也没有用。

读任何书，只要有智慧，都有用。

赋敛厚，则下怨上矣；民力竭，则令不行矣。下怨上，令不行，而求敌之勿谋已，不可得也。

《商君书·权修》：大臣争于私而不顾其民，则下离上；下离上者，国之隙也。秩官之吏隐下以渔百姓，此民之蠹也。故国有隙蠹而不亡者，天下鲜矣。

有术者就成。权，可与适道，未可与权。

扁如何崛起？必有其所长。他何以能达目的？如有正知正见，足以成大事。但他永不明白美国是敌人，终无大用！如达不到目的，遗臭历史！

做事如作曲，不可离谱。下棋，必要懂棋谱。这盘棋，究竟谁胜了？每天检讨，有方法，能不进步？

欲为天下者，必重用（不敢轻用）其（己）国；欲为其国者，必重用其民；欲为其民者，必重尽其力。

必了解己国有什么可以重用者，可为天下第一。

无以畜（xù，止也）之，则往（亡去）而不可止也；无以牧之，则处（留处）而不可使也。远人至而不去，则有以畜之也；民众而可一（壹），则有以牧之也。

想成学，必重用己学。要承学脉，非成学派，做学阀。

我不努力，你们能承学脉？先之，否则大家怎知如何走。光知往前跑，不知停止的地方，则如脱缰之马。

应以元畜之，止于元，止于至善。承元，按元行事，奉元。做什么都有目标，才不白努力。自己没有主张，则趋炎附势！开始做事，要有目标，立志，以此范围养己。

慢慢地，一句一句读，有心得写下。

见其可也，喜之有征（验）。见其不可也，恶之有刑。赏罚信于其所见，虽其所不见，其敢为之乎？见其可也，喜之无征；见其不可也，恶之无刑。赏罚不信于其所见，而求其所不见之（为之，衍字）化（外），不可得也。

《商君书·权修》：赏诛之法，不失其义，故民不争。

“恶之有刑”，法家，讨厌，得处罚你，绝不放过你。

我看什么书，都批得一塌糊涂。

读得慢，天天读那一本书，绝不马虎。

厚爱利，足以亲之；明智礼，足以教之。上身服（行）以先（率先）之，审度量以闲（防闲）之，乡置师以说道之。然后申之以宪（悬法示人）令，劝（劝勉）之以庆赏，振（整饬）

之以刑罚，故百姓皆说（悦）为善，则暴乱之行无由至矣。

《商君书．权修》：故立法明分，中程者赏之，毁公者诛之。

现在是什么时？怎么控制这个时？有术者就成。

固本，本固枝荣，固本的目的，民为邦本。与百姓关系不够也不行，想有实力，就得固民。

要知怎么用层次。如乡长、里长管什么，必要清楚。

地之生财有时，民之用力有倦，而人君之欲无穷，以有时与有倦，养无穷之君，而度量不生于其间，则上下相疾（仇恨）也。是以臣有杀其君，子有杀其父者矣。故取于民有度，用之有止（正），国虽小必安；取于民无度，用之不止（正），国虽大必危。

《商君书・修权》曰："今乱世之君臣，区区然皆擅一国之利，而管一官之重，以便其私，此国之所以危也。故公私之交，存亡之本也。"

"地之生财有时"，时为要，圣人也不能生时。

历代用《周官》的，王莽、王安石都失败。清末维新，光绪欲用《周礼》，也无成。真有野望，可好好研究《周官》。《周官》讲均联。

人口众多，无特殊的领导方式、严密的组织，如何固本？民何以能固，即组织严密。

改造，无胆量，老贼都去不了。得知耻，知耻近乎勇。国民党多愧对林觉民等。明白，得能行，知怎么实行。民可载舟，亦可覆舟，必随时固。

我下意识注意什么？想破坏一个组织，怎么破坏？如懂得怎么组织，就懂得怎么破坏。

培智，慢慢养。当智慧分析，想得周到，知其动向。了解其动向，才知其真意，接着应怎么做。看一问题，非只看表面文章而已。

我印的《通鉴辑览》《孙吴兵法太公六韬》，可有好好看？

黉舍印的书：史书，红色，警惕，历史是用血写的。兵书，绿色，有生意。文集，蓝色。经书，黄色。

你们不懂为子孙谋，应学会想。你们境界低，仅知道食色，不懂得用智慧。

根据分析，再做决策，下一步怎么想。问题一变，早已准备好。你们太呆，就知好名，不知走正途，净走偏锋，最后非盗即娼。

我履历完整，在铁蹄下长大，第二次世界大战身历其境，陪着时代长大。先印兵书，乃感其有所不足。冷眼旁观，与时代学。懂得中国人自鸦片战争后是怎么过的，历史能表现出其间的波折？

所选的三部子书（《管子》《晏子》《商君书》），均有实际政治经验，自其中学会怎么用脑。现台上衮衮诸公会用脑？这群人能使台湾步上康庄大道？

周恩来，人一见，即称其为人才，学他怎么做事。培智，非说大话。有智，放诸四海而皆准。没到精的功夫，绝得不到。好好悟，非一日之功。

就是有智，还得有勇，认识问题了，得有魄力改造。做什么得像什么。

地之不辟者，非吾地也；民之不牧者，非吾民也。

奉元书院五十年，有癌细胞。来此拉夫有用？根本是废物一个，我的耻辱！在此妄为，狗都不如！没牧过的民，非你的民。你们懂人与人的关系？马路拉夫，与你有何关系？一举一动看出你的愚、拙、笨，读书何用？我有丰富的经验，什么都干过，就没当过皇帝。你们奇笨！

我多年来完全修兵法，但认为《孙子》非完卷。《孙子》说三道四，绝对不全。读书，必要串在一起。时代变，今天手枪都没用了，兵法亦应往前走。《孙子兵法·用间篇》，讲得太简单，此得有经验。

等尘埃落定了，即知“长白又一村”是怎么来的。第二次世界大战之热闹，可以了解多少东西。

“衣食足，知荣辱”，饱暖思淫欲，得“内无怨女，外无旷夫”（《孟子·梁惠王下》）。

什么人玩什么鸟，完了！不悲哀，因为有奉元书院学生，未来在你们手中。如读这么多年书，都不能掌握自己的命运，岂不是猪？做中国人，并不是要做奴隶。

凡牧民者，以其所积者食之，不可不审也。

一个“审”字，包含多少智慧！

牧时，得视对象而饲之，猪就不吃羊的草。

其积多者其食多，其积寡者其食寡，无积者不食。或有积而不食者，则民离上；有积多而食寡者，则民不力；有积寡而食多者，则民多诈；有无积而徒食者，则民偷幸。故离上不力，多诈偷幸，举事不成，应敌不用。

《商君书·权修》：授官予爵，不以其劳，则忠臣不进。行赏赋禄，不称其功，则战士不用。

我是中国人，最恨不义。没三三两两，就没有团体。小偷没贼窝，怎么做贼？偷幸，幸进之士净想拉夫。自以为什么都不怕？

夫妻何以生子后，反而离婚了？可见人与人之间相处之难！特别微妙。何以婚后连看的趣味都没了？在实际生活中解决问题，才知如何面对现实的困难。畸形发展，出奇就糟了。要以智慧领导群众。

子书，以《管子》为本，《晏子》《商君书》为辅。《管子》，第一个真正有成套理论的。管子死后，依然强齐，其后有晏子。其他诸子，多为布衣。

管子、晏子有政治经验，但环境不同。管子以其君霸。晏子碰三个昏君，却以其君显。

晏婴历仕灵公、庄公、景公三世，凡几十年，使齐国在景公时一度重振国力。

太史公评晏子：方晏子伏庄公尸哭之，成礼然后去，岂所谓“见义不为无勇”者邪？至其谏说，犯君之颜，此所谓“进思尽忠，退思补过”者哉！假令晏子而在，余虽为之执鞭，所忻慕焉。

有德，必有所守，绝对有至高智慧。《晏子春秋》，后人写的。

《晏子春秋》，主要记述春秋时齐相晏婴的思想言行。旧题晏婴撰，实战国时人依托并采集他的言行编辑而成。《晏子春秋》涉及晏子施政治国、军事外交等各方面的谋略思想。着重论述了人君采纳建言之策略，即怎样采纳臣下建言及采纳什么样的建言。

商君、李斯，自己有所不足。失全，就有偏见，如商君，虽能强秦，不能全身。读《商君书》，要知其何以能强秦，而不能保身。

《商君书》是商鞅及其后学著作的合篇。商鞅的思想核心在于重法，以法为中心形成了一套谋略体系，其谋遍于政治、经济、军事等各个领域。

商鞅，卫人，名鞅。初为魏相家臣，不为魏王所用。后入秦，说秦孝公，得到重用。在孝公支持下，在秦国两次变法，使秦国迅速富强，为秦日后统一中国奠定了基础。因功封于商，号商君。孝公死后，遭贵族诬害，车裂而死。

三人皆久经世故，有丰富的政治经验，有智慧，当智慧读。

讲书，看对象，可以讲成一百样。

故曰：察能授官，班禄赐予，使民之机也。

“察能授官”，我每天察能授官。“官者，管也”，设官，是要管事。

有些人的教育，与管子教育不同。最高则是《易经》那一套，杀人不见血，不设兵车。管子犹养兵车。

无功不受禄，没有不劳而获的。有些人皆“标准公务员”，就等因奉此。有头脑者不多。

野与市争民，家与府争货，金与粟争贵，乡与朝争治。

“家与府争货”，富可敌国。

“金与粟争贵”，国民党1948年之金圆券事件。

蒋介石何以来台？金融败坏，蒋经国在上海打老虎，也挽回不了。蒋夫人实难辞其咎。

为应付庞大军需，国民政府铆足劲印钞票，法币发行额660万亿元，为抗战前47万倍，导致严重通货膨胀，加上四大家族、贪官奸商勾结，百业凋敝，民生凋敝。

1948 年 7 月，蒋介石提出币制改革方案，制定紧急处分令，8 月 19 日成立经济管制委员会，蒋经国临危受命，出任上海经管会副督导，开始雷厉风行“打老虎”。杜月笙之子杜维屏等六十余台面人物被抓，最后因查到宋美龄亲外甥孔令侃，蒋介石一声令下，蒋经国折戟沉沙，功败垂成。

我一生赶上的，皆史所未有，不应使之平白过去。

没有脑子，在时代中抓不住要点。

做任何事，谁都不要相信，就相信真理。想做事，得培智，天天留心。

故野不（无）积草，农事先也；府不积货，藏于民（藏富于民）也；市不成肆，家用足也；朝不合众，乡分治也。故野不积草，府不积货，市不成肆，朝不合众，治之至也。

《商君书·权修》：故尧舜之位天下也，非私天下之利也，为天下位天下也。论贤举能而传焉，非疏父子，亲越人也，明于治乱之道也。故三王以义亲，五霸以法正诸侯，皆非私天下之利也，为天下治天下。

有实际力量，为治世之道，否则为亡国之道。

“立法院”，假民情以事权威，代表什么民意？台湾弹丸之地，毛病在哪里？人谋不臧，天下本无事，庸人自扰之。萧墙之祸，先整理好萧墙之内，才能谈其他。

孔德成（1920—2008），三十二代衍圣公，第一代大成至圣先师奉祀官。几千年第一次断了，一件憾事！孔老师是孔家罪人，其子如有一争气的，也不至于此。“后三十年，看子敬父”，所以要有好儿女，此即光宗耀祖。孔夫人是晚清状元孙家鼐孙女，名门，却没教育好子女。

人情不二，故民可得而御也。审其所好恶，则其长短可知也；观其交游，则其贤不肖可察也。二者不失，则民可得而官（管）**也。**

做事，得自人情必要入手。“人情不二”，可是人世（事）还不止于二。何以会有二心？是同学，未必是同志。

处处要留心，什么地方都要用智慧。你们净正面读书，所以不懂得副作用。不能直接成就，得反效果，就完了！想了，没做，是环境不允许。治与不治、是与非，皆相对的。人皆有好恶、是非。

地之守在城，城之守在兵，兵之守在人，人之守在粟。故

地不辟则城不固。

“地之守在城”，心之守在意。意念不动，心不会跑。诚意，正心，因心猿意马。

讲一正面，要马上想到反面。根据公式，推到最后。什么叫做学问？是看几本书？非也！运用得活与熟。“学问之道无他，求其放心而已矣”（《孟子·告子上》），把跑掉的心找回，心正。心正了，要做什么才都可以达目的。心之正，在意，《大学》“所谓诚其意者，毋自欺也。如恶恶臭，如好好色，此之谓自慊，故君子必慎其独也”，独，性之所发。

有身不治，奚待于人？有人不治，奚待于家？有家不治，奚待于乡？有乡不治，奚待于国？有国不治，奚待于天下？

天下者，国之本也；国者，乡之本也；乡者，家之本也；家者，人之本也；人者，身之本也；身者，治之本也。

修齐治平本诸身，此言一部《大学》。

书，智慧的结晶，要学智慧。学会用脑，脑子为智慧之源。

你们必要素其位而行，看管子如何做事，一年如何，两年如何……素其位而行，位子特别重要，“不在其位，不谋其政”（《论语·泰伯》）；反之，在其位，必谋其政，居其位，不务乎其外。致中和，天地位焉，万物才育焉。天地失位，万物就不育了。“天地之大德曰生，圣人之大宝曰位。何以守位曰仁，何以聚人曰财。理财正辞，禁民为非曰义”(《易经·系辞下传》)。

真明白，自己身体必搞好，才是明白人。不是食补，只补肉是养猪。应是养神，因精气是神之用。神足，就有精神做事。

有天大的抱负，应本立，本立而道生。“中也者，天下之大本也”(《中庸》)，允执厥中，永保喜怒哀乐未发之景象，元。失位，即失中，中为位之本、之体。失中，则无不为矣！

台湾永远是中国的。你们生于胜世，好好为中国奋斗。

知有商鞅，不知有君，早晚杀了你。何以走极端？失中。处理社会一般事：执两用中，“叩其两端，用中于民”。进一步：“天之历数在尔躬，允执其中”(《论语·尧曰》)。“人心惟危，道心惟微；惟精惟一，允执厥中”(《古文尚书·大禹谟》)。

你们得“中行独复”(《易经·复卦》)，做活棋子。人家给你笑脸，即忘了己姓，还扬言几通电话。人家看得起你，你更应沉着。要用智慧，企划、策、略、计、谋，每个都有阶段。

失位，即不识位。在其位，必谋其政，当位。“天地之大德曰生”，即当位，不失位。致中和，体用不二，天地位，万物育，生生不息。“圣人之大宝曰位”，加一“大”字，即赞词。因识位，所以不失位，素其位而行，素富贵行乎富贵，素贫贱行乎贫贱，素夷狄行乎夷狄；次必颠沛，皆必于位。失位，失了分寸、身份，做了不应做的事。自开始，就要懂要点。

你们要懂自己的价值。分析轻重，知自己价值之所在。非你们做不可，绝不假手于人。

我办“养老院”，是要为往圣继绝学。你们早晨打拳，白天办学，晚上研究。既能读书，又能养老，何乐而不为？研究什么，要有定期会，论学、修德。“为往圣继绝学”为第一要义。

我绝不要无品者，缺德者入我的大门都不行。一个人要有目标，立志，干一辈子。行有余力，要安老、怀少，一举数得。少的怀好，跑腿的就有了。

熊十力在《读经示要》中赞美董子（董仲舒），《原儒》则批董，因为时、位不同，看法有别。董子思想亦影响熊十力。汉如无董子，就无今天的汉文化。《大易》《春秋》都讲元，是“变经”与“元经”。真正影响中国思想的实是董子，可谓孔子之后影响最大的。熊子自以为接孔子。

何以由一变元？一者，善也；元者，善之长也，至善。在止于至善。《易》为明道之书。找出根，再进一步，则滴水不漏。这要想多久？必有造谣之智。君子度志不度气，长白又一村。我们要从头来，要另辟天地，再起百花齐放、百家争鸣时代。我要你们立说，非讲书。你们必要活活泼泼地，有脑子，有所为而活。欣逢胜世，为中国立一个新时代。

我对你们不生气，只觉悲哀、可怜！就学给人当走狗？太愚！太愚！欺师盗名足以当之，又得什么？连个无料顾问都没有，还当什么走狗？我要做祖师，绝不给人当走狗。

舜，位不同，处理事就不同。在家修行时，遏恶扬善；尧找他，交代“天之历数在尔躬”。

禹，经验多丰富，天天受骗，所以说“人心惟危，道心惟微”；其成功在于“惟精惟一，允执厥中”。商鞅何以失败？因为失中。

我终日不言，除与孙女说话外。

人性的事不用学，《大学》“未有学养子而后嫁者”，“心诚求之，虽不中，不远矣”。想成功，必得发挥人性，一点就破。恋爱，不说话，成功了；说话，吵嘴了。一动了，就是情，故“旁通情也”（《易经·乾卦·文言》）。如情不旁通，就自作多情。

成事，第一件事得“通天之志”。成功，因能“除天下之患”。将来万不得已，成立“双贵会”——“贵通天下之志、贵除天下之患”。

我将要点定出，训练你们往前想一步，教你们“造谣”。如抄书，焉抄得过清儒？

要真正大通，必要读董子，但是难读，董子言哲理。讲一东西的原理，最难！将来中国学问可能放点异彩。

何以不原“一”，而要原“元”？原“元”，为奉元之经算个总账。看从一变元，究竟是怎么一回事？将糊涂事，画一休止符，要把钦定文化做个结束。我在蒋介石时代，讲书还留许多分寸。

故上不好本事，则末产不禁；末产不禁，则民缓于时事，而轻地利；轻地利，而求田野之辟，仓廪之实，不可得也。

一个人没饭吃，还讲什么仁义道德？衣食足，然后知荣辱。

将退休老师变成硕儒，每天言必及义。真有高智，不必抢，我绝对请你。

商贾在朝，则货财上流；妇言人事（妇人言事），**则赏罚不信；男女无别，则民无廉耻。**

我反对女人干政。

货财上流，赏罚不信，民无廉耻，而求百姓之安难，兵士之死节（为国献身），**不可得也。**

朝廷不肃（持事振敬），**贵贱不明，长幼不分，度量不审，衣服无等，上下凌节**（逾越无节），**而求百姓之尊主**（守）**政令，不可得也。**

上好诈谋间（奸）**欺，臣下赋敛竞得，使民偷壹**（苟合于己，无长计），则百姓疾怨，而求下之亲上，不可得也。

有地不务本事（农为本），君（领导）国不能壹民（统一号令百姓），而求宗庙社稷之无危，不可得也。

《商君书·权修》：夫废法度而好私议，则奸臣鬻权以约禄，秩官之吏隐下而渔民。谚曰："蠹众而木折，隙大而墙坏。"故大臣争于私而不顾其民，则下离上；下离上者，国之隙也。秩官之吏隐下以渔百姓，此民之蠹也。故国有隙蠹而不亡者，天下鲜矣。

上恃龟筮，好用巫医，则鬼神骤（数，经常）祟（作祟），故功之不立，名之不章，为之患者三：有独王（无贤臣）者、有贫贱（国贫则人贱之）者、有日不足（政繁）者。

《管子》文章，逻辑严谨，告诉人怎么做。

董子则只告诉大原则，如"圣人贵除天下之患"。董子讲哲学思想。

《易》完全讲治事之道。形而上者谓之道，《庄子》"六合之外，存而不论"。

《庄子·齐物论》："六合之外，圣人存而不论；六合之内，圣人论而不议。《春秋》经世，先王之志，圣人议而不辩。”

“理财正辞，禁民为非曰义”（《易经·系辞传》），得先修己，未有不义之人，而能叫天下义者。应素其位而行，不务乎其外，《大学》绝对是汉儒写的。

读书冷静、仔细，绝对懂。子书，实事求是，用事。

一年之计，莫如树（种植）**谷；十年之计，莫如树木；终身之计，莫如树**（培养）**人。**

尹知章：树人，谓济而成立之。

我何以坐屋中五十年？树人也。没人才，到处打游击。

国民党中央委员，清新者绝不超过四分之一。许水德不再做挨累不讨好的事，聪明人！

一树一获者，谷也；一树十获者，木也。一树百获者，人也。

尹知章：果木过十年，渐就古悴，故曰十年获也。人有百年之寿，虽使无百年，子孙亦有嗣之而报德者，故曰“百获”也。

“一树百获”，百年之计，树人也。

我亟种之，如神用之，举事如神，唯王之门。

尹知章：一种百获，近识者莫能测其由，故曰“如神用”也。

“我亟种之”，开始就锲而不舍地种树。

“举事如神”，“举”，用也；用事，如妙物之不可测；“唯王之门”，王，天下所归往，结果成功了。

“如神用之，举事如神”，此八字为功夫，即办法。

说现在台湾的大学是官僚的养老院，那岂不成为官僚的避难所？一个官僚的本钱有什么？得有德，其次有能、有位，德、能、位三者缺一不可。

说话必加小心，没有下一次！你们懂得什么叫阴险？杀人不流血，就一招而已。

每天事，都有一定的格局。再十年，好好为台湾安排几个生力军，不任人予取予夺。“我亟种之，如神用之，举事如神，唯王之门”十六个字会用，永远不会做文丐、文妓。

好好用脑，坐着冷静读，如禅宗似的。我亦时代产物，中国近代百年复杂的环境，我的脑子好想，加上我母亲非男人所能及，故能“无入而不自得”。你们太乖了，文化程度太低！

你们一举一动，到了悲哀的境界。

天天教你们唱曲，却连“闻一知二”（《论语·公冶长》）的也没有！专一，久磨有用，好好造就自己。同学无一有领袖气质者。光有欲、光知贪，自己废材犹不知，还扯闲，太笨！

我欲将此十六字“我亟种之，如神用之，举事如神，唯王之门”写成中堂，以此御天下。如此，锲而不舍弄上一年，同学绝对有用，这样训练义工。

不会做事，焉能成事？“老者安之，少者怀之，朋友信之”（《论语·公冶长》）。不要结私交，要以团体对团体。

我的拉夫，不同于你们。自己的树苗不足，就进口，我看电视写笔记。要用事时，“如神用之”，理事之方。

办事，于己不利时，要制造事端。怎么制造是非，造成于己有利的环境？利用青年，没有老年团。

“如神用之”，妙用无穷！如根据《管子》行事，就非妙用。此完全智慧产物，随机应变。方，有所依据做事。神、妙，妙用无方。无方，才是妙用。即使亲兄弟，亦不明所以。

“必亟种之”，才有“如神之用”。如一天什么也不干，就想谋夺，即使把女人骗来，也和你离婚。种瓜得瓜，种豆得豆，谁也占不到便宜。我懂得怎么行贿，就怕你不贪污！

凡牧民者，使士无邪行，女无淫事。士无邪行，教也。女

无淫事，训也。教训成俗而刑罚省，数（术）也。

必要天天想，看自己有多少反应。

天下本无事，庸人自扰之，岂非人谋不臧？那厢拼命努力，这厢却净扯后腿，这块土真是人鬼共乱！前有吕后，后有刘邦，焉知明天不又出一项羽？

我不与为奸必先者同桌吃饭，他们不配！有些人被出卖犹不知，太天真！我看在心中，恨透这些为奸必先者。口述历史，汉奸；那段事，除了川岛芳子外，唯有我知。

早晚会有毓公祠。我的子孙不许花祖宗的钱，没出息！好好努力，定要自己练智，才有第二步。无论大小事，绝不可以假他人之手，人必要有自我观，绝不假手他人。

怎么人家给几千元，就出卖自己？笨牛！一见钱，连姓都忘了！我最瞧不起为人当狗腿的，连人都不是！人格最要者，绝不出卖祖宗。

凡牧民者，欲民之正也；欲民之正，则微邪不可不禁也；微邪者，大邪之所生也；微邪不禁，而求大邪之无伤国，不可得也。

凡牧民者，欲民之有礼也；欲民之有礼，则小礼不可不谨也；小礼不谨于国，而求百姓之行大礼，不可得也。

凡牧民者，欲民之有义也；欲民之有义，则小义不可不行也；小义不行于国，而求百姓之行大义，不可得也。

凡牧民者，欲民之有廉也；欲民之有廉，则小廉不可不修也；小廉不修于国，而求百姓之行大廉，不可得也。

凡牧民者，欲民之有耻也；欲民之有耻，则小耻不可不饬也。小耻不饬于国，而求百姓之行大耻，不可得也。

凡牧民者，欲民之修小礼、行小义、饰小廉、谨小耻、禁微邪，此厉（励）民之道也。

《管子》中之“厉”字作“励”，劝勉也，如《易》“厉无咎”之厉。

民之修小礼、行小义、饰小廉、谨小耻、禁微邪，治之本也。

凡牧民者，欲民之可御也；欲民之可御，则法不可不审；法者，将立朝廷者也；将立朝廷者，则爵服不可不贵也；爵服加于不义，则民贱其爵服；民贱其爵服，则人主不尊；人主不尊，则令不行矣。

《管子·任法》：昔者尧之治天下也，犹埴之在埏也，唯陶之所以为。犹金之在垆，恣冶之所以铸。其民引之而来，推之而往，使之而成，禁之而止。故尧之治也，善明法禁之令而已矣。黄帝之治天下也，其民不引而来，不推而往，不使而成，不禁而止。故黄帝之治也，置法而不变，使民安其法者也。

法者，将用民力者也；将用民力者，则禄赏不可不重也；禄赏加于无功，则民轻其禄赏；民轻其禄赏，则上无以劝民；上无以劝民，则令不行矣。

法者，将用民能者也；将用民能者，则授官不可不审也；授官不审，则民间（非议）其治；民间其治，则理不上通；理不上通，则下怨其上；下怨其上，则令不行矣。

法者，将用民之死命者也；用民之死命者，则刑罚不可不审；刑罚不审，则有辟（避）就；有辟就，则杀不辜而赦有罪；杀不辜而赦有罪，则国不免于贼臣矣。

故夫爵服贱、禄赏轻、民间其治、贼臣首难（带头作乱），此谓败国之教也。

《管子·任法》：夫非主令，而行有功利，因赏之，是教妄举也。遵主令而行之，有伤败而罚之，是使民虑利害而离法也。群臣百姓人虑利害，而以其私心举措，则法制毁而令不行矣。

此篇读完，能用上什么智慧？得自己会用脑，遇上问题，就知怎么对付。

讲法，非感情用事，必要有立场。不可以师心用事！

真是人才，自动找上门来。要釜底抽薪，人才自此拉出，挖角。

怎么用智慧制造事端，可于己有利？一定要有定力，学会吃苦，但人管自己，最苦！光知有野望，德、能当其位？同学有五六千人，你能领导？你算谁？教书的，直线条。奋斗目标是成功，并非凑热闹。

聪明过度就是傻子，因遇事不加考虑。对事反应快，往往仗恃自己有小聪明，最易出事。大智若愚，要有雅量，如不能容，在社会永不能成事。我绝不服输，陋，固也，“君子居之，何陋之有”？疾固！

聪明人要躲开是非。什么都不怕，证明什么都怕。不是政治家，也得有政客的头脑。螳螂捕蝉，焉知后面怎么对付你？好好培养自己的头脑！

有愤愤之心，就难有持平之言，太史公的《史记》难以持平。成立准社，修新史。

福康安碑在鹿港妈祖庙。乾隆帝偏爱他，不知是否真“过台湾”（闽南话“唐山过台湾”）？施琅投清，接收台湾时，以福康安为元帅。但乾隆帝怎么偏爱福康安，他也不能封王，只封至公。公爷、皇后父亲，大公无私封公。鹿港姓施的非一家。

做事必有几个假设，净正面解决问题行吗？没能素其位而行，即缺德。见好就动心，德当其位？真有能，做事的不会不找你。社会上没几个关系人，能成功？卖豆浆的雅量。叫他不能乱吃，绝对整整齐齐地吃，净偷着吃。应是“小子有福，吃”。几天后，绝对不想吃了！表面牺牲。如连此一智慧都没有，还想领导天下？要管理天下，不借众人的耳目行吗？好察迩言、好问。是容乃大，没说强乃大。

中国逢新世纪，无贡献绝对是呆子。练习自己能读书，怎么叫会读书？学而必思，“思之思之，鬼神通之”，学而不思则罔。每天不能看一卷书，没有希望！外国文化在中国百年如何？不下真功夫，就欺世盗名。

读书有责任，要为往圣继绝学。什么书也没读，就净胡扯！读二十年书，连人都没有做好，见利忘义的畜生！人必有所守，一个人失所守，完了！见利，就认贼作父，不能谈！

好自为之，受苦的是你们，便宜捡不了。光有想法，没有做法，什么也做不到。这个环境下，不懂义和道，生活不能有分寸，天天讲空话。

知日，日，旦复旦兮，天天，日月光华。智者，知道日。天行健，人以自强不息。有内圣之功夫，才有外王之成就。智周万物，道济天下。

你们懂得什么叫作爱？根本学做奴才，非爱。知识分子，政客之玩具。何以将自己生命交于这些政客手中？何以能忍受？正知正见，是说话的能力，社会之准。要吃苦，守分，造次、颠沛、富贵皆必于是。如混馒头，则好坏、是非均装作不知。喜和畜生睡觉，乃个人之事，但不要毁了团体。你们读这么多书，不能变成生活，没用！我不诲你们，你们早晚会后悔，和畜生在一起。

知日者智，日知己所无，不聪明也办不到！缺什么补什么，得求学。舜是大智者，“好问”，求己之所无；“好察迩言”，用耳听一听，研究考察左右人的反应。要懂得联想，负起“遏恶扬善”的责任。慢慢培养成大智者，贡献：执中爱民。

将《论语》有关部分串在一起，则知如何求智。有系统化，书才能明白，有用。注解，并未真懂书，骗人，没有智慧。一开始，就将人送至极乐……此种讲法，能用上？

中国学问之发源，元智，始与生。自强不息，才有那么多的好结果。生了，就有性，生之谓性，性智。

性与独，有何区别？中为体，发为用，情智。发情之后，必得有情智，否则为猫狗。一个人失去分寸，就是畜生。“食色，性也”，但得有其礼。“习相远”，此习乃情智以后的遗毒。

理学家的言论，皆自“虚灵不昧”来，其标的即迷玄。都得迷，得迷复。先迷失道，后顺得常。

今后中国在学术上想另辟天地，乃千古事业，大家要显身手。一个人有私，就完了，绝对成不了事。我不怕你们抢，而是痛你们的低贱。你不够料，绝对不给。

必要念兹在兹，“文没在兹”（《论语·子罕》：“文王既没，文不在兹乎？”），桓魋其奈我何（《论语·述而》“天生德于予，桓魋其如予何”），完全自励。父亲是至圣，儿子排不上辈，最要为德。明德，生生不息之德。元智之德，“与天地合其德”（《易经·乾卦·文言》）。

何不发挥自己的性智？一个人真明白，太难！太难！何必自寻短见！社会事皆有阶段，代代如此，又何必寻短见？不如来个“又一村”！

要你们做“又一村”的功臣，是性智的表现。理智，即性智。把中国思想翻一遍。社会是有阶段的，祖宗、儿孙接着。梁卓如，新民路线，目的在“作新民”。

如何看一个人的行为？你送秋波，人家不看。将思路理清了，才可以裁判古今，知哪一类属于元智？哪一类属于情智？必要弄清。再笨，好好下功夫，三年绝对打通。人一旦断了气，什么都没了！活着时，要活得轰轰烈烈。如无大智，则从吾所好，人生就只有一回，又何必自苦若是？所见、所闻，皆情智，无跳出。理学，万恶滔天。

必要都贯通了，再读书。“绝四：毋意、毋必、毋固、毋我。”（《论语·子罕》）“意”，亿，臆测，推度；“固”，疾固。依经解经，讲任何一个，引出经的根据。

观念弄清，一辈子干一件事。行有余力，闲暇之际，焚香、喝茶、看书。定，知止而后有定、静、安、虑、得。自定入手，定自知止来。先把情定住，情就不泛；天天守住节，发而皆中节，慢慢即复性，回到性智。此修养的方法。

哪一卦讲定了？“既济，定也”(《易经·杂卦传》)。立志，无形中有止，止即有定，“知止而后有定”，知止即尚志，心有所主。《中庸》，体；《大学》，用。《中庸》与《大学》互为表里。真读通中国东西，新得不得了！

《史记》距孔子时代近，太史公自称“上承麟书”，如无读《春秋》，就读《史记》，如半身不遂！

随时随地注意精华处。“事核言练”，事核，绝无“阙文”，没有虚言。

自阙文，可以找出几个含义。实录，没人敢骂皇帝的父亲。史官写完，得给皇帝过目，其中有多少假话，岂不是“阙文”？有时，皇帝还得改一改，然后藏之于金匮。钦定之书，连本人都改，况注乎？不是开当铺，不必维护真假，应冷静、客观审判材料。

不分经、史、子、集，分析：看什么是性智产物？什么是情智产物？最高境界为元智产物。《春秋》，性智产物；《易》，元智产物；传，情智产物。自性智、情智、元智产物分优劣。《尚书》《诗经》是情智产物的最高境界。《易》讲安天下，其余均讲安邦定国，情智产物。此为未来对中国学问的思想观。《春秋》“其事，则齐桓晋文”，情智产物；“其义，则丘窃取之”，性智产物，孔子的裁判。历史的责任，并非帝王家谱。

“所求乎上，所成乎中”，必要求乎上。管子之所以有成就，乃着重人之所欲。他在那个荒凉的时代，能有如此高的智慧，必自此深求。今天第一要义为“衣食足”，管子的境界。孔子的境界，为“均无贫”（《论语 · 季氏》）。均，无“多寡”的观念了！研究如何求均，解决人类的问题。读各代历史，则知所着手处。

必要学会用脑。知自己所无，必求好问、好察迩言。想一问题，得费多少工夫。如不会想，怎么能解决问题？

“天生我材，必有我用”，不要误己。如是情智之士，入于正途，绝对有大成。我志于“又一村”，有“又一村”的计划。但无一通人，既无智慧，又不肯下功夫。知我的系统，就知怎么来的。

元智，“智周万物，道济天下”。情智，无一满分。《易经 · 系辞传》：“仰观俯察……以通神明之德，以类万物之情。”谁也不可以泛情，有害于人，要类情。读《易》，不在卜，在通德类情。不卜而已矣，《易》可以控制任何情不泛。

一个人的高低，都在乎自己。人和人必得有情，《易》讲“旁通情”，目的在“时乘六龙以御天”（《易经 · 乾卦》），“贵通天下之志，贵除天下之患”，天下之患在不均，“不患寡而患不均”（《论语·季氏》）。中国思想如何地丰富，必要讲出精华之所在。天下无难事，就怕心不专。

当父母的看女儿受苦，能不苦？人生太苦！但放浪形骸亦苦！如何对付这个苦，消除这个苦？《老子》以婴儿“不知牝牡之合而朘作，精之至也”。

非想不想，守身如玉可真不易！终与草木同朽！什么东西，不经千锤百炼，绝对达不到目的。贵与贱，最后封的。帝王时代能传下的，是皇帝喜欢的。

“诵《诗》三百，授之以政，不达；使于四方，不能专对，虽多，亦奚以为？”（《论语·子路》）读书得能用；不能用，等于没有读。每句皆金科玉律，都能实行。如当点缀品，焉有用？以至于今天社会至此。书有古今，智慧无古今。要以古人的智慧，启发自己的智慧，证明古人之言，无一无用。

小团体如何领导？大家都发挥作用了？独当一面，得内圣外王都具备。必要学会独当一面，即“君子素其位而行，不务乎其外”（《中庸》），均按己位做事，不分心做己位以外的事。

我将《尚书》作成《征政篇》《人性篇》。读书人不谈政，哪有《论语》？《季氏篇》：孔子问伯鱼：“学诗乎？”说“不学诗，无以言”；又问“学礼乎”，说“不学礼，无以立”。

无论到哪儿，必问人的家乡，“一方水土一方人”。

钦天监想害人，那人命必没。醇亲王的园寝上有棵树像龙，所以出龙。以体制不够大，应予扩大为由砍树，所以后来虽出龙，但是遭罪，宣统。钦天监杀人不用刀。

必要懂得怎么应世，得“无所不用其极”，“无入而不自得”。

偶一不慎，则造成代代错误，殷琪为扁站台，家祭毋忘告乃翁！

赵四（赵一荻，1912—2000）故去，我有点动容。她年十六，跟张学良。当年多少人争张，张后来坐五十年牢。我差一点会“战胜”他，天天要求“战胜”。你们把人生看得太单纯了，无巧取之智，好好走正途。

我提要点，你们仔细看书。每天必读一卷书，随时做笔记。有些人任何人的话都不听，就愚者好自用，贱者好自专，没懂权柄过！如扁承认“一个中国”，则可帮他出主意。台湾地区的乱源，一群缺德者窃权柄，群魔窃权。

连个奴才都能支配你们，人家是避亲避贵。根据一个标准，请哪人做事，不必谋夺。左近尽废才，就人才难找。什么都不懂标准，以至于弄得一无所是。自己的本业不弄好，而专务乎其外，能做什么？本行都干不好，还能再兼职？《孝经》是汉儒所写，百姓“分地之利，以养父母”。如不务地利而轻赋敛，岂不饿死？

我偌大年纪，新闻不漏，书不耽误。昔日皇帝读书不专，打陪读的，羞辱皇帝。书读百遍自通，造就自己，不可以怀侥幸心理。记忆力亦训练来的，书读熟，触类就通。

从正面接受智慧，自反面运用智慧。如“均无贫”，那“无贫”是要怎么来的？此在上位者所为，要“先之，劳之”（《论语·子路》），指导有方，以法律使均无贫。看台湾地区“立法院”，霸占“立委”名器害人，如同狗打架。当“立委”，第一想到的即权势，哪有想到老百姓？如好人、能人都坐屋内，外面狗就不敢乱吠。为师者承上启下，发挥作用了？

东北地方富庶，我们可以往东北求发展，做人参第一步。台湾地区未来堪忧，应有发展的方向。

历代注，没人心，尽说假，钦定的。

齐家、治国，一个道理，一勤天下无难事！治自己病，不必看别人。读书多年，何以无所立？人有一分自责，才有一分进步。领导团体，必要有德行。篡夺有功，“莽大夫扬雄死”，丑陋！最讨厌没有头脑的人！和我斗的，无一不输，连国民党在内。点破野心家，无一有人性。

我天天脑子要作怪，愈研究中国东西愈佩服古人，要将之串在一起。你们每天就知足常乐。

没企划，乱生产，岂不如猪？香蕉滞销，最低做香蕉干，也不必上自“总统”下至猪都吃香蕉。

学完，“传不习乎”（《论语·学而》），传必习。“习相远”，习，何以好？何以坏了？深究，可以另辟天地；研究，然后建树。

四肢健全，何以净做狗扯羊皮的事，还有女人嫁他？何以生得健全，却不做人事？看残疾人士那么奋发！就心痴，此病没法治！看商代的青铜器，造型、纹饰之美！何以那时代的人就如此善用头脑？今人心痴，知足！

“不成章，不达”（《孟子·尽心上》），“六位而成章”（《易经·说卦传》）。“文”，锦；“章”，绣，在绸缎上绣的花纹。一寸锦一寸金，锦是织的，织机两层。如有织锦般的头脑，那不必用兵，即可征服世界。昔日皇帝衣服上的文章，均有意义。

十二章纹，又称十二章、十二文章，是中国帝制时代的服饰等级标志，帝王及高级官员礼服上绘绣的十二种纹饰，分别为日、月、星辰、群山、龙、华虫、宗彝、藻、火、粉米、黼、黻等，通称“十二章”，绘绣有章纹的礼服称为“衮服”。

十二章内涵丰富：“日、月、星辰”，取其照临之意；“山”，取稳重、镇定之意；“龙”，取其神异、变幻之意；“华虫”，羽毛五色，甚美，取其有文彩之意；“宗彝”，取供奉、孝养之意；藻，取其洁净之意；火，取其明亮之意；粉米，取有所养之意；“黼”，取割断、果断之意；“黻”，取其辨别、明察、背恶向善之意。

十二章纹的起源可追溯到史前时期，到了周代正式确立，成为历代帝王的服章制度，一直沿用到近代袁世凯复辟帝制止。民国北洋政府时期的国徽也是依照十二章纹设计的。十二章为章服之始，以下又衍生出九章、七章、五章、三章之别，按品位递减。例如明代服制规定：天子十二章，皇太子、亲王、世子俱九章。

这十二章包含了至善至美的帝德，象征皇帝是大地的主宰，其权力“如天地之大，万物涵覆载之中，如日月之明，八方囿照临之内”。十二章纹自出现开始，虽历经两千多年的朝代更替，因其意义深刻，始终保持着原始的形态，几乎没有改变，这也是其它普通装饰图案无法比拟的。

什么人对人类真有贡献？懂一句话，就知道自己责任之所在。

我求有够水准的接班人已足！早晚有人称“子毓子曰”，绝对超过“子程子曰”。

中国人有其智慧与德行。育于家，就有“育畜”的文化，与不育于家大有区别。

岛内的野心家，癣疥之疾！看第二次世界大战有多少伪政权，而今安在哉？就乘民之危，应使之自愧！你们生于胜世，要走自己的方向。人家热闹，你跟着看，岂不是浪费时间？今天中国的国力，已足以使美国知惧。

我讲得慢，是为了培养你们会想。虽非大智者，至少要不愚，不应将聪明用于偏僻处，一失足终生不宁。要守分，务必守正。李鸿章说“花不香，鸟不语，男无情，女无义”。高山族有“出草”（台湾少数民族猎人头习俗的别称）习俗。我来台，在山地待六年，1953年回台北。

学会怎么培养智慧。智，知日，知日之所无、所得、所长，知一天得什么、丢什么。大智，好问、好察迩言。讲过的能用上，才是真学问。好问，要问自己所不知，怕人留一手；好察迩言，为求真知，再考察左右人的言论。

有智慧，不是等死，得有所表现，要遏恶扬善。《中庸》的“隐恶”，造成伪君子，应是遏恶。不受痛，怎知得教训？有德智，要遏恶扬善，自己主动的。如别人请帮忙，则“叩其两端而竭焉”（《论语·子罕》），反复问事情怎么发生的；研究好了，再告诉他应该怎么做。

一部《四书》，就能成就大事。人的智慧是与生俱来的，不要用于无用之地。何以聪明的小孩会走上偏僻之路？有机会应告诉小孩如何明辨是非，遇事要“明辨之”，否则偶一不慎，成终生的痛苦。

心地泰然，乃最大的修养。假学问，净抄书。要时常留心社会事，一叶落而知秋。为自己一点小利，就什么也不要了？

要与人类赛跑，但必有规矩，即游戏规则。我自小懂得守正，什么事都做过，但绝没有失正。正，各有标准，立场不同。《春秋》“原心定罪”，一念动错，已是犯罪了，何况做了！

将来你们做事，不要做自己不懂的事，必要找专家。我目的在成功，绝没半点私心，只要能，不论是否自己的学生。有智慧，才懂培养己智，发挥智慧的功能。

什么都可以做，绝不可在伦常外。孝，不能违背伦常。做人必得孝，人与狗不同。知识愈少者愈纯洁，大兵谥狗“士官长”。有义犬，也得有义人。

我觉得年轻人宝贵。年轻人有想法，但没做法，所以，有的党都失败了！人怎么聪明，也要不过上帝。

“善人为邦百年，亦可胜残去杀”（《论语·子路》），没读书的善人，完全人性的发挥！胜残去杀，天下归仁。今天的台湾，已到人性都没了！

西安，有牛羊肉。我现在不讲究，能将就，喜吃土产，有滋味。许多事讲究过度，就是最低劣的。

青衣戏，以《三娘教子》作测验，看是否够水准。张派，取各家之长，攻一家之短。人的趣味应往正常发展，票戏也好，有才华学易有成。仁义道德包含广，昔年终有窝窝头戏，在救济穷人。

任何时代，绝非用机巧来的。必要学会组织，三三两两。常人得好好培智，其不二法门：不分心。想成功，必得守正。

良知上的负担，永远无法卸脱。无论男女，愈圣洁愈尊贵。

不说造就圣人、贤人，要造就正人。正人，得心正。正心，目的在心正，则可以天下平。《大学》“人人亲其亲长其长，而天下平”，指孝悌；《中庸》“君子笃恭而天下平”，各尽本分、各守岗位，诚笃地不懈于位，在其位，必谋其政，人人不懈已位，则能天下平。

做每件事必有个水准。天下哪有不累而赚钱又多的职业？天下没有傻子！组织要以三三两两为基础，有组织才有力量。管子组织之术，严密得不得了！过家亦如是。家家与国是，人人是元首。

成事、败事看环境，得自求多福，不要外人越俎代庖。蒙，不怕，就怕不养正。蒙以养正，绝对成圣功。

没有文宣，怎么做事？团结就是力量，要组织对组织。团体绝不许有异议分子。

我要做熊十力第二，绝不欺师灭祖。有目的，则知怎么奋斗。戏评，指出毛病之所在。是人，必得活出人的意义。

第五章 立政第四

《治要》引作“立君”。闻一多云：“立，莅也。立政，犹临政。”

国之所以治乱者三（三本），杀戮刑罚不足用也。

国之所以安危者四（四固），城郭险阻不足守也。

国之所以富贫者五（五事），轻税租薄赋敛不足恃也。

治国有三本，而安国有四固，而富国有五事。五事，五经也。

“五事”，五常道，富国之大法。

君之所审者三：一曰德不当其位，二曰功不当其禄，三曰

能不当其官。此三本者，治乱之原也。

“治乱之原”：德当其位，功当其禄，能当其官。

直心，即德。“人之生也直”，生来的直心没改，即德。

故国有德义未明于朝者，则不可加以尊位；功力未见于国者，则不可授以重禄；临事不信于民者，则不可使任大官。

“尊贤使能，俊杰在位，则天下之士皆悦而愿立于其朝矣”（《孟子·公孙丑上》），德义不明于朝，不可加以尊位。

“临事不信于民”，乃“能不当其官”，不可使任大官。

故德厚而位卑者谓之过，德薄而位尊者谓之失。宁过于君子，而毋失于小人。过于君子，其为怨浅；失于小人，其为祸深。

小人在位，为祸深。小人必除。

是故，国有德义未明于朝而处尊位者，则良臣不进；有功力未见于国而有重禄者，则劳臣不劝；有临事不信于民而任大官者，则材臣不用。

三本者审，则下不敢求（妄求）**；三本者不审，则邪臣上通，**

而便辟制威。如此，则明塞于上，而治壅于下，正道捐弃，而邪事日长。

“便辟”，不正常的行为。“便辟制威”，奸佞当道。

三本者审，则便辟无威于国，道涂（途）**无行禽**（擒，囚也），**疏远无蔽狱**（冤狱），**孤寡无隐治**（苦痛）。**故曰：刑省**（减少）**治寡**（精简），**朝**（朝廷）**不合众**（召集群众议事）。

右三本。

君之所慎者四：一曰大德不至仁，不可以授国柄；二曰见贤不能让，不可与（给予）**尊位；三曰罚避亲贵，不可使主兵；四曰不好本事，不务地利，而轻赋敛，不可与都邑**（任地方官）。**此四务者，安危之本**（国家安危的根本）**也。**

“都邑”。《释名》：“邑，人聚会之称也。”四邑为丘，四丘为甸，四甸为县，四县为都。

“务”，《易经·系辞传》曰“开物成务”，当务之为急，急所当务。

故曰：卿相不得众，国之危也；大臣不和同（同心协力），**国之危也；兵主不足畏，国之危也；民不怀其产**（田产），**国之**

危也。故大德至仁，则操国得众；见贤能让，则大臣和同；罚不避亲贵，则威行于邻敌；好本事、务地利、重（郑重）赋敛（不轻加税），则民怀其产。

右四固。

“好本事，务地利”，重视农事，地尽其力。

“重赋敛”，不轻易加税。“民怀其产”，民有恒产则有恒心。《孟子·梁惠王上》：“明君制民之产，必使仰足以事父母，俯足以畜妻子，乐岁终身饱，凶年免于死亡。然后驱而之善，故民之从之也轻。”

君之所务者五：一曰山泽不救（敌）于火，草木不植成，国之贫也；二曰沟渎（小沟渠）不遂（通畅）于隘，障（筑堤坝）水不安其藏（储存），国之贫也；三曰桑麻不植于野，五谷不宜其地，国之贫也；四曰六畜不育于家（六畜必育于家），瓜瓠（“瓠”音 hù，“瓜瓠”为葫芦类瓜菜）荤菜（蒜等特殊气味的蔬菜）百果不备具，国之贫也；五曰工事（工匠）竞于刻镂（极尽雕琢之能事），女事（女红）繁于文章（图案文饰），国之贫也。

故曰：山泽救于火，草木植成，国之富也；沟渎遂于隘，障水安其藏，国之富也；桑麻植于野，五谷宜其地，国之富也；六畜育于家，瓜瓠荤菜百果备具，国之富也；工事无刻镂，女

事无文章，国之富也。

右五事。

分国以为五乡，乡为之师（帅），分乡以为五州，州为之长。分州以为十里，里为之尉。分里以为十游，游为之宗。十家为什，五家为伍，什伍皆有长焉。

国分乡、州、里、游，设帅、长、尉、宗。

什伍制，组织严密。

筑障塞匿，一道路，博（专）出入。

“筑障塞匿”，哪家都有隐而不显的事，要设法塞住，否则愈发展，愈加不可收拾。随时埋下伏笔，依伏笔理事。不能杜微，焉能成大事？慝如不能塞，则慝更坏了！

“匿”，隐藏；“慝”，隐情饰非，《礼记·乐记》“世乱，则礼慝而乐淫”。《论语·颜渊》曰：“攻其恶，无攻人之恶，非修慝与？”

治国，道路即正。往大，治国平天下；往小，即治家。有病，按病塞之。

审闾闬（hàn，门），慎筦（guǎn）键，筦藏于里尉。

五家为比，五比为闾。“审闾闬”，门禁严密。

“筦键”，筦，钥，牝；键，主开钥，牡。哪个是牝？那个是牡？入者谓之牡，受者谓之牝，俗云“锁须闭者，锁筒也”。只有对应的钥匙插入锁筒，才可以开锁。必要用两个人保管，防患于未然。

管理严密，组织焉被能渗透？有门禁，锁分置两处，严加看管。不论过家或治事，都要防未然。偶一不慎，饮恨终身。

管子的头脑致密，非今人所能及。读《管子》时，不要急，读多少，悟多少，用多少。

如党弄不好，则流为朋党。搞政治，必要有术，“无所不用其极”“无入而不自得”。

懂用智慧，特别难！一个家庭上轨道，必要有存款：一子管存折，一子管图章，各司其事，下令者父母；动支存款，大家皆知。训练有智慧，有责任感。家政，亦政。看完不能用，没用！

为什么活？为己志而活，非给人当走狗。知日，白天，知己之所无；晚上，无忘己之所能。

了解多，义理悟得深。《易》讲“崇德广业”。不明白，不求真知，书呆子，废才！

我经济独立，义子不能管我的钱财。

学智慧，得会用智慧。当官到底为什么？一个人要用智慧做先锋，至少能够自保。

信件，平常七天，航空需两个月，什么意思？懂一个智慧，大用于国，小用于己身。你们太愚了！懂《管子》，组织绝不会被破坏。成事不足，败事绝对有余。见利就忘义，要他作什么？

读完一段，真懂，马上就会用上。好好细读，上句不懂，不读下句。

“空降部队”做领袖，谁听你的？领袖要自然产生的。贫户，自求多福，自救，不努力，行吗？政客，不但没有人格，连人性都没了！

置闾有司（管理里门小官），以时开闭。闾有司观出入者，以复于里尉。凡出入不时，衣服不中，圈（眷）属群徒，不顺（循）于常者，闾有司见之，复无时。若在长家子弟臣妾属役宾客，则里尉以谯（同“诮”，以言语相责）于游宗，游宗以谯于什伍，什伍以谯于长家，谯敬（儆）而勿复。一再则宥（宽恕），三则不赦。

“复无时”，见即复，随时报告。

“三则不赦”，事不过三。

小孩有过，分犯过的轻重责备之。如天天装看不见，就坏！人往往为母则愚。人在小时都会骗父母，但自己做父母时，就忘了。

字怕习，字是门面，每日习字，日久有个样子。真有志，也必养成看书习惯。每天看一卷浏览之书，参考书要有进度。与研究有关者，做笔记。研究书不争进度，必明白为要。

凡孝悌、忠信、贤良、俊材，若在长家子弟、臣妾、属役、宾客，则什伍以复于游宗，游宗以复于里尉，里尉以复于州长，州长以计于乡师（帅），乡师以著（标著）于士师。

凡过（有过）党，其在家属，及于长家；其在长家，及于什伍之长；其在什伍之长，及于游宗；其在游宗，及于里尉；其在里尉，及于州长；其在州长，及于乡师；其在乡师，及于士师。三月一复，六月一计，十二月一著。

“三月一复”，三月上报一次；“六月一计”，六月汇总一次；“十二月一著”，每年年终登记备案。

凡上（尚）贤（举用贤才）不过等（超越），使能不兼官（兼职），罚有罪不独及，赏有功不专与。

一个人必要把自己的能表现出，但“使能不兼官”。

如不为人类服务，搞什么结群？结群，服务为第一要义。舜结群的不二法门：“叩其两端，用中于民。”（《论语·子罕》）随时服务。

现在有些年轻人作恶，犹不以为耻。目中无人，故胆大妄为。

孟春之朝，君自听朝，论爵赏校官，终五日。季冬之夕，君自听朝，论罚罪刑杀，亦终五日。正月之朔，百吏在朝，君乃出令布宪于国。

一年四季，每季分孟、仲、季。孟春是早春，季春是晚春，晚春又称暮春。季冬，冬季最后一个月。

五乡之师，五属大夫，皆受宪于太史。大朝之日，五乡之师，五属大夫，皆身习宪于君前。太史既布宪，入籍（副本）**于太府**（归档）**。宪籍分于君前。五乡之师出朝，遂于乡官致于乡属，及于游宗**（皆地方官）**，皆受宪。**

宪既布，乃反致令（事后汇报）**焉，然后敢就舍；宪未布，令未致，不敢就舍。就舍，谓之留令**（滞留法令）**，罪死不赦。五属大夫，皆以行车朝，出朝不敢就舍，遂行。至都之日，遂**

于庙，致属吏，皆受宪。

有立庙地方曰“都”。皇帝登基处，皆称“京”。

宪既布，乃发使者致令以布宪之日蚤（早）晏（晚）之时。宪既布，使者以发，然后敢就舍；宪未布，使者未发，不敢就舍，就舍谓之留令，罪死不赦。

宪既布，有不行宪者，谓之不从令，罪死不赦。考宪而有不合于太府之籍者，侈（法律内容增多）曰“专制”，不足曰“亏令”，罪死不赦。首宪既布，然后可以布宪。

右首宪。

“宪”，“悬法示人”，法律一条一条公布给人看，引申为大法，古曰“洪范”。《尚书·洪范》，是中国第一部大宪法，以马一浮讲得最好。

学得多，但没智慧，真是废才，还害事！

你们来此上课所填的表，我存于何处，有几人知？我绝对找没关系的人整理。没有严密的组织，绝对不发挥作用。

想自求多福，非自己同类，绝不使之渗入。是同学，未必是同志。通天下之志，要处处留心。心都丢了，还能成事？“非我同类，其心必异”，此一规矩，永通于人类。

凡将举事，令必先出，曰事将为（防什么）。其赏罚之数，必先明之。立事者，谨守令以行赏罚，计事致令，复赏罚之所加。有不合于令之所谓者，虽有功利，则谓之专制，罪死不赦。首事既布，然后可以举事。

右首事（先行之事）。

“事将为”，事为，要防什么？第一防失信。“民无信不立”（《论语·颜渊》）。尚有变局，懂得防，就百发百中。怎么设防很重要，大自国政，小至家政，故曰“立政”。

诸葛亮借寿，何不先防人把灯踏熄？诸葛亮一生不懂得“防”字。失街亭，而后使空城计、斩马谡。我有时间一定另批《三国演义》，绝不同于金圣叹。金批“亘古一人”，有急智！一个人如无急智，焉能自救？

有急智，反应快。考虑多，则缺乏主动能力，要练就如“常山之蛇”的反应能力。

懂得短处，要补短，唯自己知。要养，原本就有的才养，养正、养心。补短，造就自己。每天净看别人不对，最后忘了自己的不对。

既是以身许国，还争什么名分？国家有危，应“临危致命”（《论语·子张》“士见危致命”）。叛国，无耻之至！“忠臣必出自孝子之门”（《论语·为政》“孝慈则忠”；尽己之谓忠），如岳飞。

我常说现在哪有人？还说我骂人！必明辨之，然后“笃行之”（《中庸》）。

元，立元神。必要能应事。元首，必懂怎么为主。

选举时正逢群相毕露，我得知每一乡、每一村的黑白人物。时，刹刹生新。时机错过就没了，圣人不能生时，时至而不失之。了解可用之才，不喜者不使之当选。

任远董事，就看谁表现得好，谁也捡不了便宜。未入流，给你能领导？以博学为本，慎思之，明辨之。我每天所讲绝对入扣，要与时代相追逐。

“家家与国是，人人是元首”，此即我们的团体，又何必成立党部？对不对的，马上反应，有意见，因人人皆为元首，“首出庶物，万国咸宁”。

不要惹是生非，能躲过就躲过去。不缺钱的，好名，要懂得通心，投其所好。做任何事情都要用脑。东西不在多少，如正是对方所喜的，则事半功倍，要懂得心之所主。做事不用脑，则劳而无功。争不求之功。

一个人不能没有机心，就是送老者礼物也要用心。你们遇事反应太慢，吃亏！所见者少，所知不过书本，实际的没接触过。书非得自己读不可，且要仔细读。学什么，就得像什么。如到美国留学，要学什么？如学完，器质一点也没改变，白读书了！我看你们什么器质都没改变，真是欲哭无泪！当老师的得装像上帝，因为“作之师，以配上帝”。

《人物志》讲人、事、时、物。

南怀瑾（1918—2012），文化的兼任老师，专传“刚”之秘方。苏志诚，文大的学生。何以李登辉下属三分之一以上都是文大的？文大教书不给钱，得有地位（牌子）。

所谓的“两国论”（1999年7月9日）发表后，台湾地区百姓再也不相信李。我早说台湾不能“独立”，为我贴讣文者先死。

发生一事，必要研究。此事发生，多严重！能不好好研究？那研究什么《管子》！如研究不通，还学什么政治？你们敢卖国，我绝对对你们不客气！

台湾地区有些团体，无一是人！你们拿我的地方当租借地，浑蛋！白活！正经事不学。我的团体绝不许无耻人在此，绝对真君子，不装腔作势。

你读《管子》，你即管子。学为奴，为人；为己，则有主张，要建设这个地方。

以管子为主，晏子、商君为辅。三人中唯商君不能自保，最后惨遭五马分尸。这三个人都做过领袖人物，既有理论也有实际政治经验。韩非，文丐，连签呈都不会写，什么也不懂！

中国成就事业者，无一不自《管子》来。曾国藩天天读《管子》，人称“曾剃头”，因没学好，所以一升官，人称其“元凶”，有“曾帅的顶子是血染红的”之讥。曾此后不再戴红顶子，戴金顶子。金顶子是秀才出身，宰相的根苗，宰相必秀才出身。考上秀才，才是孔子门生。以前不考上秀才，无法中举。监生入圣庙，圣人吓一跳：“何时入了学？我怎么不知道！”曾国荃是监生出身，所以不能入军机。真金顶，自王爷始。皇帝戴宝顶。

什么都有历程。骂人“不是人”，因为不做人事。

你们好自为之，不能不为子孙谋。应加强教育，莫重于孝，孝为德本。我的团体，成事不足，败事有余。

学《管子》，一举一动都得像管子。学《管子》，得时习之。“管子九合诸侯，不以兵车”，不能动武，还必得合作。

历史，如不先有文，何有史？孔子学文，成功了，成文宣王！历史好坏，就看文表现得好坏。“学校钦定之枉”，反对钦定之文，要恢复原来的文，今天应另起炉灶。

养生，晚上吃愈少愈好，最好不吃。长寿者，没吃宵夜。我怕在家，早被供死了。不动，等死；动了，就运动了。活动，想活，就得动。人都能长寿，就自己逼自己短寿。

至少每一经留一种子。中国人未来绝对是一等人，不必叫儿女到外国当三等公民。你们欣逢中国的盛世。

清太祖高皇帝（努尔哈赤）会打江山，后代子孙会吃江山，多会享受！

中国真进步了。旧时代的可恨，你们没见过，我对剥削阶级特别愤愤不平。主多大，奴就多大，抢男霸女，无所不为。我的家族今天已无一像样的私人房子。我为祖宗修房子，分几期工程。

为往圣继绝学，这一代的责任。要往远看，教育上要进步，经济上也得巩固。必得合作，要脚踏实地。专取巧，乃你们失败之根苗。人必要知己之所短。处朋友，必要知其长短，以截长补短。如真知人，则天下无不可用之人。但绝不可用无品之人。不以圣人期人，自己不可失德。德，永保自己的直心。

赤子无欲，童子不知牝牡之合而朘作，无欲但有性。“大人者，不失其赤子之心”(《孟子·离娄下》)，非学来的，乃养赤子之心，据“蒙以养正”(《易经·蒙卦）公式来的。赤子之心，即大人之正。如此依经解经。大人，永保赤子之心，没有欲，无欲之谓至善，“可欲之谓善”(《孟子·尽心下》)，将欲可住，当其可。根据一个公式，可以推很多，知道怎么用智慧解经，此未来继绝学之路。

不知为圣为贤，而净做狗腿，我引以为耻到极点。昔日读书人无骨气，奉命得说假。我绝不亲笔歌颂尧舜。今后绝对写真的，可以临阵挥毫。人必要懂为志而活，牺牲享受，享受牺牲，脑子必要活。

现应教小孩先背《千字文》，马上认识一千个字，比背唐诗高明。今天不懂得怎么教为学，净胡扯八瞎。你们没吃过肥猪肉，也没见过肥猪走。

我将《十三经》的字都解释一遍，但稿已遗失。根据《十三经不二字》，用《说文》另解释。工欲善其事，必先利其器。

天下绝无巧得的事。不厌其烦，才能得其真髓！天下焉有难？就是功夫。我坐着净琢磨，自“用心深细”，了悟“惟精惟一”的功夫。你们行为之低劣，我极失望！不懂自己不懂，还要巧取豪夺。我只身在台，绝对安分守己。聪明过火，就是傻子。

告诉同学：绝不可在台湾做公务员。自己要下功夫，我不能替你们读书。你们对晚辈贡献了什么？天下没有白捡的，用世。有名，就有学？做什么，都有一定的方式。台湾地区有些地方的教育，小学老师不讲做人。自己读书，也帮孩子读书。学时，思不出其位，不务乎其外。有些部门天天吵，就各为其私。

许多事，先从自己做起。走在祖宗走过的路上，想祖宗能创万里江山，而自己则非但不能，连祖宗留下的东西都丢光了！中国人想中国人的思想，必用自己的智慧、思想对付外国人。你们还学为奴？必得去毛病，聪明过度就是呆子。好好努力学。

要做一等人，每天练习写心得。下真功夫，在乎自己努力，才有学问。

修火宪，敬山泽，林薮积草。夫财之所出，以时禁发（开禁）焉，使民足于宫室之用，薪蒸（细薪细柴）之所积，虞师（主管山泽）之事也。

决水潦（疏导积水），通沟渎，修障防（修整堤坝），安水藏（不涨溢），使时水虽过度，无害于五谷。岁虽凶旱（大旱），有所粉（fèn，收割）获（收获），司空之事也。

相高下，视肥硗（qiāo，贫瘠），观地宜（当地宜种植物），明诏（告）期，前后农夫，以时均修焉（按时进行全面安排），使五谷桑麻，皆安其处，由田（司田，主管农务）之事也。

行（视察）乡里，视宫（室也）室，观树蓺（yì，种树），简六畜，以时钧修焉。劝（举善教不能）勉百姓，使力作毋偷，怀乐家室，重去乡里（安土重迁），乡师之事也。

论百工，审时事，辨功苦（器物之优劣），上（尚）完利（精致是尚），监壹（同）五乡，以时钧修焉。使刻镂文采，毋敢造于乡，工师（主管百工）之事也。

右省（察）官。

管子长于内政，其外交以经济侵略，太可怕！

读书有老师，则事半功倍。为达目的，必得有术，要无所不用其极。必要懂得怎么做事。《学》《庸》必烂熟在胸，能用得上。必要写文章，否则如何办刊物？没有刊物，如何领导别人？我的年代，十二三岁《四书》《五经》即已背完，你们太慢了！

和人相处，绝不当谁说是非。一个人不能太呆！谈谁的是非，那人一定知。是非者绝对是是非人，没一个人替你永远保密。到任何地方不批评任何人，千万不可得罪人。近悦远来，不识其人，则视其友。人都有长短，非找圣人。对朋友，要先择而后交，否则断交就完蛋！交错朋友，也得忍到底。想成功，必得有人和你同党。有是非，要当面谈。看法不同，公开检讨，不要背后论是非。成功，是有很多条件的。

许多人竟相为奸，为奸必先！

要养成智慧，知道怎么处理自己的事。于己无利，设法破解。你一来，我就一往，绝不吃亏！自知者曰上智。组织严密，好坏事无不知。

没有好人，绝不能成大事。有德为要。有德，不同于呆。穷同学在一起，群策群力，合作，以组织对组织。不怕你坏，有智慧破解你的坏。如表的零件，螺丝一松，预计的东西就达不到目的。一团体中，总统与庶民，同一重要。懂是，必先明白非。懂是非了，即为元首，人人皆可以为尧舜。社会的进步，是跑接力。不欺师灭祖，也绝不侮祖宗，要为往圣继绝学。

你们那点活动，完全在欲里头。

明朝无一好皇帝，张学良喜读《明史》，用脑，头发变白。遇事要用脑，明辨是非。

度爵而制服，量禄而用财。饮食有量，衣服有制，宫室有度，六畜人徒有数，舟车陈器有禁（奢则禁，敝则修）。**修生则有轩冕、服位、谷禄、田宅之分**（定分），**死则有棺椁、绞衾**（死者衣被等）、**圹垄**（墓穴）**之度**（制度）。

虽有贤身贵体，毋其爵，不敢服其服；虽有富家多资，毋其禄，不敢用其财。天子服文有章，而夫人不敢以燕以飨庙；将军大夫不敢以朝（朝服），**官吏以命**（命服），**士止于带缘**（纯），**散民**（不仕者）**不敢服杂采，百工商贾不得服长鬈貂**（貂皮）。**刑余戮民不敢服絻**（丧服），**不敢畜连**（辇）**乘车。**

右服制。

寝（偃）**兵之说胜，则险阻不守**（守而自固）。

《管子·立政九败解》：人君唯毋听寝兵，则群臣宾客莫敢言兵，然则内之不知国之治乱，外之不知诸侯强弱。如是，则城郭毁坏，莫之筑补；甲弊兵彫，莫之修缮。如是，则守圉之备毁矣，辽远之地谋，边竟之士修，百姓无圉敌之心。

兼爱之说胜，则士卒不战。

《管子·立政九败解》：人君唯毋听兼爱之说，则视天下之民如其民，视国如吾国。如是，则无并兼攘夺之心，无覆军败将之事。然则射御勇力之士不厚禄，覆军杀将之臣不贵爵。如是，则射御勇力之士出在外矣。我能毋攻人可也，不能令人毋攻我。彼求地而予之，非吾所欲也，不予而与战，必不胜也。彼以教士，我以驱众；彼以良将；我以无能，其败必覆军杀将。

全生（保全性命）之说胜，则廉耻不立。

《管子·立政九败解》：人君唯无好全生，则群臣皆全其生，而生又养生，养何也？曰：滋味也，声色也，然后为养生。然则从欲妄行，男女无别，反于禽兽。然则礼义廉耻不立，人君无以自守也。

私议（私议政事）自贵（清高自贵）之说胜，则上令不行。

《管子·立政九败解》：人君唯无听私议自贵，则民退静隐伏，窟穴就山，非世间上，轻爵禄而贱有司。然则令不行，禁不止。

群徒比周（结党营私）之说胜，则贤不肖不分。

《管子·立政九败解》：人君唯毋听群徒比周，则群臣朋党，蔽美扬恶。然则国之情伪不见于上。如是，则朋党者处前，寡党者处后。夫朋党者处前，贤不肖不分，则争夺之乱起，而君在危殆之中矣。

金玉货财之说胜，则爵服下流。

《管子·立政九败解》：人君唯无好金玉货财，必欲得其所好。然则必有以易之。所以易之者何也？大官尊位；不然，则尊爵重禄也。如是，则不肖者在上位矣。然则贤者不为下，智者不为谋，信者不为约，勇者不为死。如是，则驱国而捐之也。

观乐玩好之说胜，则奸民在上位。

《管子·立政九败解》：人君唯毋听观乐玩好，则败。凡观乐者，宫室台池，珠玉声乐也，此皆费财尽力，伤国之道也。而以此事君者，皆奸人也，而人君听之，焉得毋败？然则府仓虚，蓄积竭；且奸人在上，则壅遏贤者而不进也。然则国适有患，则优倡侏儒起而议国事矣。是驱国而捐之也。

请谒任举（拜托保举）之说胜，则绳墨（用人标准）不正。

《管子·立政九败解》：人君唯毋听请谒任誉，则群臣皆相为请。然则请谒得于上，党与成于乡。如是，则货财行于国，法制毁于官，群臣务佼而求用。然则无爵而贵，无禄而富。

谄谀饰过（文过饰非）之说胜，则巧佞（巧言令色）者用。

右九败。

《管子·立政九败解》：人君唯无听谄谀饰过之言，则败。奚以知其然也？夫谄臣者，常使其主不悔其过，不更其失者也。故主惑而不自知也。如是，则谋臣死而谄臣尊矣。

期（约）而致（至），使而往，百姓舍己以上为心者，教之所期也。始于不足见，终于不可及，一人服（行）之，万人从之，训之所期也。未之令而为，未之使而往，上不加勉（劝勉），而民自尽，竭俗之所期也。好恶形于心（诚于中，形于外），百姓化于下，罚未行而民畏恐，赏未加而民劝勉，诚信之所期也。为而无害，成而不议，得而莫之能争，天道之所期也。为之而成，求之而得，上之所欲，小大必举（行），事之所期也。令则行，禁则止，宪之所及，俗之所被，如百体之从心，政之

所期也。

右七观。

学会能做事，读书是为找做事方法。

你们的前途何在？何以如此斗？团结就是力量，悲哀至极！何不能往大处想？为国家、为前途计，也得忍耐！提醒你们，读书用不上，没用！

我自有智慧以来，就不赞成有宗教。什么都懂？专用外国名词，你算谁？国必有国格，人必有人格。说话必讲正格，否则焉能成事？虽不能言为世法，讲话应于别人有好处。

扫一扫，进入课程

第六章 版法第七

尹知章曰：选择政要，载之于版，以为常法。

《管子·版法解》：法者，法天地之位，象四时之行，以治天下。

"版"，户籍、地图，国之大法。故孔子"式负版者"（《论语·乡党》）。"式"，坐车行礼，两手放在车前横木，头叩在手上，以示致敬。

"版"，施于器用，如磨米等。昔日村中有人故去，则三天不磨米，全村举哀。

昔洗衣有版，用胰子，即今天的肥皂；衣服洗完，用棒子锤打，锤平。满洲（东北地区及内蒙古自治区东部地区）今犹有棒槌，用以洗衣。

礼，“天理之节文”，自人性来的。我天天喊，在唤回人性，逼你们发挥人性的光辉。争权势，没有人性！不能忍辱负重，已非太平盛世！

凡将立事，正彼天植（德也，古“悳”字）。

《管子·版法解》：天植（德）者，天心也；天植正，则不私近亲，不孽疏远；不私近亲，不孽疏远，则无遗利，无隐治；无遗利，无隐治，则事无不举，物无遗者。

立业，不分大小，得先考虑自己有无此德行。

“天德”，天有好生之德，即仁者，好生恶死。中国人“则天”，尧是第一个则天的，“唯天为大，唯尧则之”（《论语·泰伯》），学天的德行，天德好生，“生而不有，为而不恃”（《老子》）。大学，学天，首“在明明德”，即明天德，生生不息之德。

设若无上天，岂能有万物？古人有一定的教育方式，自小教惜物、做人。天下为公，万物皆备于我（《孟子·尽心上》）。今年生，次年又生，复也，又来了，“复其见天地之心乎”（《易经·复卦》）。故曰“天德者，天心也”。

要重视永生，“智周万物、道济天下”。《易经·系辞传》曰：“天地之大德曰生。”天德为准。必“正彼天德”，两者吻合。

说“不是人”，因缺德。

为学，必要有基础，不可以盲人瞎马，本身不明白，怎能叫人明白？“学而时习之”，就是唱戏，也得天天时习之。立了志，为志而生，造次、患难、颠沛皆必于是。

风雨无违，远近高下，各得其嗣（续）。

《管子·版法解》：欲见天心，明以风雨，故曰：“风雨无违，远近高下，各得其嗣。”

“善教者，使人继其志”（《礼记·学记》）。我在台喊了五十年，就没有学嗣。

三经既饬（整备），君乃有国。

《管子·版法解》：万物尊天，而贵风雨，所以尊天者，为其莫不受命焉也。所以贵风雨者，为其莫不待风而动，待雨而濡也。若使万物释天而更有所受命，释风而更有所仰动，释雨而更有所仰濡，则无为尊天而贵风雨矣。今人君之所尊安者，为其威立而令行也；其所以能立威行令者，为其威利之操莫不在君也；若使威利之操不专在君，而有所分散，则君日益轻，而威利日衰，侵暴之道也。故曰："三经既饬，君乃有国。"

《管子》的"三经"：天德、风雨、高下，即三个不能变的常道。

《中庸》治国有"九经"：修身、尊贤、亲亲、敬大臣、体群臣、子庶民、来百工、柔远人、怀诸侯也，得以智、仁、勇"三达德"贯之。

喜无以赏，怒无以杀。喜以赏，怒以杀，怨乃起，令乃废。骤（数）令不行，民心乃外（疏远）；外之有徒，祸乃始牙（萌）。众之所忿，置（寡）不能图。

《管子·版法解》：乘夏方长，审治刑赏，必明经纪。陈义设法，断事以理。虚气平心，乃去怒喜。若倍法弃令，而行怒喜，祸乱乃生，上位乃殆。

"喜无以赏，怒无以杀"，做人，赏杀不因己之喜怒。虐待一人，积恶成仇，早晚干掉你。治家之道，亦复如是。

奏章数上，诏书数下，则民心乃外，结成新党。众叛亲离，少数人焉能成大事？

"骤令不行，民心乃外"，此戊戌变法不成功之所在。我少谈南海，讲公羊亦不提。书呆子，有爱国之心，无成事之术！

今之乱，亦如是。“境外决战说”，解释不已，比南海更是望尘莫及！

帝廷称孤道寡，在提醒自己“寡不能图”。皇后称哀家，皇上的师母亦称哀家。千万不可以骄，骄者必败。以德为尚，无德不能立事、立业。

《版法》弄好，一辈子可以成事。有三五个同志，就足以成事，《易》谓“二人同心，其利断金”。同学至今无一结婚成功者，往往情人眼中出西施，最后……一开始如听老师言，今天至少有饭吃。

举所美，必观其所终；废所恶，必计其所穷。

《管子·版法解》：慎观终始，审察事理。事有先易而后难者，有始不足见而终不可及者，此常利之所以不举，事之所以困者也。事之先易者，人轻行之；人轻行之，则必困难成之事。始不足见者，人轻弃之；人轻弃之，则必失不可及之功。夫数困难成之事，而时失不可及之功，衰耗之道也。是故，明君审察事理，慎观终始，为必知其所成，成必知其所用，用必知其所利害。为而不知所成，成而不知所用，用而不知所利害，谓之妄举。妄举者，其事不成，其功不立。

《大学》“知止，而后有定”，没有定，怎能成事？五十年也无一个立事的。你们这一生能做什么？读书未必有成，但总比不读好。学，乃学已之所无，日知已所无，乃成为智者。

我做事都要求一百分，书本设计之美，但最缺人，谁也不做，一群活死人有志？太无能！必要学会做事，不要只会争权，要实至名归。

“观其所终”，“谁毁谁誉？如有所誉，必有所试”（《论语·卫灵公》：“吾之于人也，谁毁谁誉？如有所誉者，其有所试矣”），观其做事的结果，才肯定其有办事能力。

“计其所穷”，将穷之处皆计之，绝不轻举妄动。穷者，极也，文穷而后工。

宋欧阳修《梅圣俞诗集序》云：“世谓诗人多穷，非诗能穷人，殆穷而后工。”不是人处于穷困中，而是穷究，极尽能事。层出不穷、无穷无尽。

庆勉敦敬以显之，富禄（当为“禄富”）有功以劝（劝勉）之，爵贵有名以休（美）之。

《管子·版法解》：凡人君者，欲民之有礼义也；夫民无礼义，则上下乱而贵贱争。

好了，奖之；错了，勉之。不可以一味溺爱，“爱之，能勿劳乎？”（《论语·宪问》）女孩读书，要学会做贤妻良母。我有今天，绝对是我母亲的功劳，行教胜过言教，小孩会模仿，必导之以道。

兼爱无遗，是谓君心。必先顺教，万民乡（向）风。旦暮利之，众乃胜任。

《管子·版法解》：凡人君者，欲众之亲上乡意也，欲其从事之胜任也。而众者不爱，则不亲；不亲，则不明。不教顺，则不乡意。是故明君兼爱以亲之，明教顺以道之，便其势，利其备，爱其力，而勿夺其时以利之。如此，则众亲上乡意，从事胜任矣。

“因民之所利而利之”（《论语·尧曰》），民富力厚，“众乃胜任”，此畜民之法。

有学问必要能行出，否则只是点缀品。一个有学问的人，必是有用之人。

取人以己，成事以质。

《管子·版法解》：成事以质者，用称量也。取人以己者，度恕而行也。度恕者，度之于己也。己之所不安，勿施于人。度恕者，度之于己也。己之所不安，勿施于人。

"取人以己"，恕也，"己所不欲，勿施于人"（《论语·卫灵公》）。己不欲，人亦不欲；己不喜，人亦不喜。以本身为本位，再取人。

"成事以质"，成事，有一定的限量，无法超过。

无容三人之量，都不能开豆浆店。智慧或机诈不论，必要有容人之量。一星期让他吃够，以后再也不偷吃了！如不许他吃，则暗中偷偷扔，糟蹋得更多。

审用财，慎施报，察称量。

《管子·版法解》：治之本二：一曰人，二曰事，人欲必用，事欲必工。人有逆顺，事有称量。人心逆，则人不用；事失称量，则事不工。事不工则伤，人不用则怨。

施，给予，施比受有福；报，有酬，报酬。称，知轻重。

称轻重、量多少，均要下"审、慎、察"功夫，审慎、察其所以。

故用财不可以啬，用力不可以苦。用财啬则费，用力苦则劳。民不足，令乃辱；民苦殃，令不行。施报不得，祸乃始昌；祸昌不寤，民乃自图（革命）。

《管子·版法解》：用财不可以啬，用力不可以苦。用财啬则费，用力苦则劳矣。奚以知其然也？用力苦则事不工，事不工而数复之，故曰劳矣。用财啬则不当人心，不当人心则怨起，用财而生怨，故曰："费怨起而不复反，众劳而不得息，则必有崩阤堵坏之心。"故曰："民不足，令乃辱。民苦殃，令不行。施报不得，祸乃始昌。祸昌而不悟，民乃自图。"

"用财不可以啬"，"啬"，该给人而不给；"啬则费"，要"惠而不费"（《论语·尧曰》），因民之所利而利之。俭，自己该享受而不享受。司马光有《训俭示康》一文，"训"，命令、主观的。

"用力苦则劳"，是人，不能过苦过劳，劳则苦，苦则劳。先学做人，后学立事。先人品，后事业。

"民不足，令乃辱；民苦殃，令不行"，"百姓不足，君孰与足？"（《论语·颜渊》）执行命令不正，使民受苦，曰"殃民"。《孟子·告子下》："不教民而用之，谓之殃民。殃民者，不容于尧舜之世。

"施报不得，祸乃始昌；祸昌不寤，民乃自图"，知上不足恃，乃各自为图。

“先王有至德要道，以顺天下”（《孝经·开宗明义》），“顺”，率性。《中庸》“以人治人，改而止”，不可以要求过量，成以奴治人。

夫妇的感情也得建在一个“公”上。结婚后绝不同于恋爱。“公则说（悦）”（《论语·尧曰》），公天下，百姓都喜欢。有家，非一个人的，各有立场，得有处世之道。识时务者为俊杰，学而时习之。

有用的才是真智慧，圣人贵通天下之志，因旁通情也。做事令人不忘，留个印象。副手，辅，应尽副手的责任，此为做人之道。

正法直度，罪杀不赦。杀僇必信，民畏而惧。武威既明，令不再行。

《管子·版法解》：凡国无法，则众不知所为。无度，则事无机。有法不正，有度不直，则治辟，治辟则国乱。

社会发生一事，于自己有关，必要研究之。杀郑太吉，清安澜宫，何以如此？证严，圣人境界，清马路。

“三人行，必有我师焉。择其善者而行之，其不善者而改之”

(《论语·述而》)，应见贤思齐，反躬自省。

顿（挫）**卒**（悴，困也）**怠倦以辱之，罚罪宥过以惩之**（有罪则罚，小过则宥，所以惩戒其后），**杀僇犯禁以振**（威）**之。**

《管子·版法解》：凡民者莫不恶罚而畏罪，是以人君严教以示之，明刑罚以致之。

鹰，鸟中之雄，何以致之？什么都有智慧，母鹰如何训练小鹰，直至它能飞，乃至于称雄？其间历经多少苦？连鸟称雄，都必经训练。你们父母训练过你们？如无受过英雄式的训练，又如何称雄？爱之，能勿劳乎？危乎？不教其临险，将来又如何涉险？

书呆子百无一用，必要以智慧赢取一切。“缗蛮黄鸟，止于丘隅”(《大学》引《诗》)，“黄鸟”，鸟之小者，“人可以不如鸟乎？”(《大学》)叹人之智，有时连最小的鸟都不如！

今天的社会问题，以青少年问题最为严重，能不关心？人的智无量，我天天激你们。今天要如何“怀少”？每天青少年事件层出不穷，天天补习兼演习，说“抢为好玩”。如何改造、教育之，使之成才？

孙子说他也能独立生活，但大人拿他当小孩。必要严格训练，自小就训练。平时就要造就自己，要多方面训练，方能自度。水患多，如会游泳，可免于没顶之灾。没有临险，就不能渡险。爸爸是英雄，儿子却是狗熊。一个人没脑才完蛋！如连自己生活的环境都摆弄不好，谈何其他？谈这么多，无不希望你们能善用脑子，适应环境。掉到水里，如会浮水，至少可以支持几天。

学《管子》，自己即是管子。今天最大问题为青少年问题，如何安之？“安无倾”（《论语·季氏》）。

《管子》讲三三五五，有联系的关系。是找同志，非找同帮。

想要儿女成为英雄，必要有英雄式的训练。无临险的经验，又如何懂得脱险？明理的母亲，乃是英之母。

植（德）**固不动，倚**（曲也）**邪乃恐**（不敢为非）**；倚革邪化，令往**（至）**民移**（从）。

法，不因人而异。命令下去，绝不改变，没有第二次，则令至民从。杀戮，绝无半点感情成分。王子犯法，与庶民同罪。

法天合德，象地无亲。

《管子·版法解》：凡人君者，覆载万民而兼有之，烛临万族而事使之。是故以天地日月四时为主为质，以治天下。天覆而无外也，其德无所不在；地载而无弃也，安固而不动。故莫不生殖，圣人法之，以覆载万民。故莫不得其职性；得其职性，则莫不为用。

“法天合德”，法天之无私，与天地合其德。

“象地无亲”，地厚德载物，没有分别心。

参于日月，伍于四时。

《管子·版法解》：日月之明无私，故莫不得光，圣人法之，以烛万民，故能审察，则无遗善，无隐奸；无遗善，无隐奸，则刑赏信必；刑赏信必，则善劝而奸止。故曰：参于日月四时之行，信必而著明，圣人法之，以事万民，故不失时功。

“参于日月”，与日月合其明；“伍于四时”，与四时合其序。

悦在爱施，有众在废私。

《管子·版法解》：“爱施俱行，则说（悦）君臣、说朋友、说兄弟、说父子。爱施所设，四固不能守，故曰悦在爱施。凡君所以有众者，爱施之德也。爱有所移，利有所并，则不能尽有，故曰有众在废私。”

“悦在爱施”，爱与施，得众之道。

“有众在废私”，无私，则众服。

毒蛇有其德，不直接攻击人，会示警。全世界有四个毒蛇岛，中国有其一。

召远在修近，闭祸在除怨。

《管子·版法解》：爱施之德，虽行而无私，内行不修，则不能朝远方之君。是故正君臣上下之义，饰父子兄弟夫妻之义，饰男女之别，别疏数之差，使君德臣忠，父慈子孝，兄爱弟敬，礼义章明。如此，则近者亲之，远者归之。故曰“召远在修近”。闭祸在除怨，非有怨乃除之，所事之地常无怨也。凡祸乱之所生，生于怨咎，怨咎所生，生于非理，是以明君之事众也必经，使之必道，施报必当，出言必得，刑罚必理。如此，则众无郁怨之心，无憾恨之意。如此，则祸乱不生，上位不殆。故曰“闭祸在除怨”也。

“召远在修近”，近悦远来；“闭祸在除怨”，招怨者，祸之门。

备长在乎任贤，安高在乎同利。

《管子·版法解》：凡人君所以尊安者，贤佐也。佐贤，则君尊国安民治；无佐，则君卑国危民乱。故曰“备长存乎任贤”。凡人者莫不欲利而恶害，是故与天下同利者，天下持之；擅天下之利者，天下谋之。天下所谋，虽立必隳；天下所持，虽高不危。故曰“安高在乎同利”。

“备长在乎任贤”，备长治久安之道，在乎任贤，使贤者在位，则国祚长久。

“安高在乎同利”，安止之道，在乎同利，与民同利。《易》“能以美利利天下，不言所利，大矣哉”，则高位而安。

第七章 兵法第十七

明一者皇，察道者帝，通德者王，谋得（所谋必得）**兵胜**（用兵必胜）**者霸。**

皇，帝，王，霸。

《白虎通·号》："德合天地者称帝，仁义合者称王，别优劣也。《礼记·谥法》曰：'德象天地称帝，仁义所在称王。'帝者，天号，王者五行之称也。皇者何谓也？亦号也。皇，君也，美也，大也，天之总，美大称也，时质，故总之也……帝者，谛也，像可承也；王者，往也，天下所归往……霸者，伯也，行方伯之职，会诸侯，朝天子，不失人臣之义。"

“皇”，天人之总称，至大之美称。“皇”，普大之结果，成绩。先修普大之德。要明白深意。

“明一者皇，得一者至圣”。“一”，是什么？《中庸》所谓“纯亦不已”，此解方通神。《易》“天行健，君子以自强不息”，天即“一”，即道。汉何休谓：“元者，气也，无形以起，有形以分……”变一为元，元为一之体，一为元之用。《中庸》所谓“及其成功，一也”，即诚者与诚之者，“诚者，天之道；诚之者，人之道”。

“察道者帝”，“察”，研究，考察，得以印证。“道”，率性之谓。“帝”，主宰义，《易经·说卦传》“帝出乎震”，主宰出乎动。

“通德者王”，德者，得于性者也，性情合一了，发而皆中节。孔子“五十以学《易》，可以无大过”（《论语·述而》）、“五十而知天命”（《论语·为政》）、“不知命，不足以为君子”（《论语·尧曰》），此即得了。“王者，天下所归往也”。“天命之谓性，率性之谓道”（《中庸》）。读完书，精神应得补。

“谋得兵胜者霸”，谋得→兵胜→霸。谋定而后动。

同学在一起，净谈些什么？读完书，不深玩味，能得教训？

故夫兵虽非备道至德也，然而所以辅王成霸。

尹知章：兵者，不祥之器，不得已而用之，故于道则未备，于德则未至，然用之上可以辅王，下可以成霸。

走正道，爱财也必取之有道，应做什么像什么。如当和尚还骗钱，还当什么和尚？

中国之进步，今可谓以“潜移默化”才用得上，必使美国“巧妇难为无米之炊”。你们之笨，出我意料！“望子成龙，望女成凤”，未见龙凤，又如何使子女成龙凤？最后连个蛇也不是。从未想过明天的事，真是奇笨无比！还不好好学！外面的野狗，一天净搞些什么？连狗都不是！

“爱之，能勿劳乎”，就只会捧子，要教孩子做人。以孝道教之，有吃的，要先问父母、爷爷吃否。必要知怎么教子，教他孝，将来他才懂得孝。教子女孝，爱之必以道。

今天读书人有人性否？有无尽为人师的责任？

今代之用兵者不然，不知兵权者也。

尹知章：权者，所以知轻重。既不知兵权，则失轻重之节。

兵之道，随时之权，“可与适道，未可与权”。

故举兵之日而境内贫（行师十万，日费千金），**战不必胜，胜则**（而）**多死**（虽令得胜，死者已多），**得地而国败**（虽复得地，既贫且死，所以国败）。**此四者，用兵之祸者**（衍字）**也。四祸，其国而无不危矣**（四祸具，而国无不危矣）。

有耐力，被老师骂上三年，绝对有小成。

大度之书（大陈法度之书）**曰："举兵之日，而境内不贫，战而必胜，胜而不死，得地而国不败。"为此四者若何？举兵之日，而境内不贫者，计数得也；战而必胜者，法度审也；胜而不死者，教器备利**（器教利备），**而敌不敢校**（较量）**也；得地而国不败者，因其民也。**

法度，大度按法行事，"法度审"。

想谋夺？我会将大业交给你？没杀你，只因你是学生！

"器教利备"，"工欲善其事，必先利其器"（《论语·卫灵公》）。

"先为不可胜"（《孙子兵法·军形》），"敌不敢校"。

"因其民"，即《孙子兵法·用间》之"因间"，"乡间者，因其乡人而用之"。有五间：有乡间，有内间，有反间，有死间，有生间。

谁都不可怕，必要防奸，有奸必除。有辜者必杀之，知奸必除，绝不可以姑息养奸！

因其民，则号制有发（号令制度，因彼而发）**也；教器备利**（器教利备），**则有制也；法度审，则有守也；计数得，则有明也。**

“号制”，号令、制度包含很多。

“法度审，则有守也”，有守而后有为。

治众有数（术），**胜敌有理。察数而知理，审器而识胜，明理而胜敌。**

“治众有术，胜敌有理”，留点心，绝非庸碌之辈！

“明理而胜敌”，胜敌，在于明理。

定宗庙，遂（各遂其生）**男女；官四分**（守四方），**则可以定威德。制法仪，出号令，然后可以一众治民**（其效如此）。

兵无主，则不蚤（早）**知敌；野无吏，则无蓄积；官无常**（长），**则下怨上；器械不巧，则朝无定；赏罚不明，则民轻其产。**

“主”，人无头不走，得有头领导。“率”，读 shuài，跟着，率领。“率”，读 shuò，顺着，率性。有几个懂自知？

“器械不巧，则朝无定”，政府不敢说要怎么做，如器械巧，则“敌不敢校也”。一无所知，什么也不怕。

“朝无定”，因不“知止”，不知前途何在，如何有定？就天天许愿！一切操之在人，自己不能定。

故曰：蚤（早）知敌，则独行；有蓄积，则久而不匮；器械巧，则伐而不费；赏罚明，则勇士劝也。

早知敌，能独行。恋爱亦如此，早一步，成功了！

“赏罚明，则勇士劝”，自奋！赏罚明，公则悦。

同学如无私心，则前途光明。无耻之徒在此拉帮，能领导同学？明白的，给都不敢要。好好做人！

三官不缪，五教不乱，九章著明，则危危而无害，穷穷而无难。故能致远以数（术），纵（从，服）强以制（以制服强）。

“以制服强，以术致远”，此乃智慧也。人与人之间，非徒有爱与情而已，还有制。台湾是以欲乱道，结果如何？

为达一已之私情，把一国弄垮了，能为往圣继绝学？继承我，你有人样？你要是行，我早请你了！太不自量力，无耻之徒！多读点书，好好教育自己，犹来得及。

三官：一曰鼓，鼓所以任也，所以起（作）也，所以进也；二曰金，金所以坐也，所以退也，所以免（止，不复战）也；三曰旗，旗所以立兵也，所以利兵也，所以偃兵也。此之谓三官。有三令而兵法治也。

五教：一曰教其目以形色之旗（色随形而殊），二曰教其身以号令之数（不得离部乱行），三曰教其足以进退之度，四曰教其手以长短之利（长短兵器，各有所利），五曰教其心以赏罚之诚（赏罚贵信）。五教各习，而士负以勇（恃其便习而勇）矣。

九章：一曰举日章，则昼行；二曰举月章，则夜行；三曰举龙章，则行水；四曰举虎章，则行林；五曰举鸟章，则行陂；六曰举蛇章，则行泽；七曰举鹊章，则行陆；八曰举狼章，则行山；九曰举韟（gāo，韬）章，则载食而驾（知战止将返）。九章既定，而动静不过。

三官、五教、九章，始乎无端（元），卒（终）乎无穷。始乎无端者，道也；卒乎无穷者，德（道之得）也。道不可量，德不可数也。故不可量，则众强不能图；不可数，则伪诈不敢向。两者备施，则动静有功。径乎不知，发乎不意。径乎不知，故莫之能御也；发乎不意，故莫之能应也。故（“故”前当有脱文）全胜而无害。

“径乎不知，故莫之能御也；发乎不意，故莫之能应也”，走小径，不知出发时，出人不意。

因便而教，准利而行。教无常，行无常。两者备施，动乃有功。

“因便而教”，对方受创伤了，一提，就明白。

“准利而行”，美国常说“合乎美国利益”，缺德说出。箭不虚发，没工夫陪你玩。今后专和有成就者研究。

“教无常，行无常。两者备施，动乃有功”，我要改弦更张，准利而行。

器成教施，追亡逐遁若飘风，击刺若雷电。绝地不守，恃固不拔。中处而无敌（四邻不敢校）**，令行而不留。**

器成教施，散之无方（分兵而散之，无有常方）**，聚之不可计**（合而聚之，不可计度）**。教器备利**（器教利备）**，进退若雷电，而无所疑**（碍，止也）**匮**（“溃”之假借，逃也）**。一**（动词）**气专定**（意）**，则傍**（旁）**通而不疑；**

聚精会神，去私向公，则足以有为。

“疑”最可怕，怎么防疑？“一气专意，则旁通而不疑”。

厉士利械，则涉难而不匮（溃）。**进无所疑**（碍），**退无所匮**（溃），**敌乃为用。**

用敌，“敌乃为用”。

我所言，皆书中之言，非空的。

凌（历也）**山坑**（堑），**不待钩梯；历水谷，不须舟楫。径**（经）**于绝地，攻于恃固。独出独入，而莫之能止。**

“不待钩梯，不须舟楫”，因敌为我用。

绝地不能守，恃固必拔。独出独入，敌莫能止。

宝（时）**不独入，故莫之能止；宝不独见**（出），**故莫之能敛。无名之至尽，尽而不意，故能疑神。**

“无名之至尽，尽而不意”，用兵之妙，无以名之。

“神”，“妙万物而为言者也”（《易经·说卦传》）。

畜之以道，则民和；养之以德，则民合。和合故能谐（调），**谐故能辑**（睦）。

发脾气得中节，谓之和。性与情相一了，即为德。民之相合，乃因德相合，情与性相称，性情如一谓之德。

性情相和，谐，如白头偕老。人想显己，不合作，净跑单帮，无一有成。必以组织对组织，以团体对团体。

你们必要懂合群，否则绝没希望！非人人能搞政治，好人只显其笨，什么事也不懂。

缺胆，能有用？拉夫，无勇之夫能做兵？

人何以无成？皆因欲令智昏，不知己。

谐辑以悉，莫之能伤。定一至，行二要，纵三权，施四教，发五机，设六行，论七数，守八应，审九器，章十号，故能全胜。大胜无守（恃）**也，故能守胜**（胜于无形）。

“谐辑以悉，莫之能伤”，“大胜无守，故能守胜”。未出发，何谓“冒险之旅”？由此，可知“不说”的重要，必要守口如瓶。你们的嘴如租来的，不能守口。

什么事说在前头，绝对于己有害。就是好说，也必事成了再说，则别人无机会破坏。我的原则：有肉，埋在碗里吃，自己香！

书呆子没有敏感性！自声音，就得吓一跳。自语音轻重，可知一个人的好恶。读书，必要懂得什么是什么，书呆子没用！

“不践迹，亦不入于室”（《论语·先进》），就率性，乃善人也。孔子以前的时代，喜用“善”字，此必注意处。《易经·系辞传》曰：“继之者，善也；成之者，性也。”

老子说“上善若水”，水不受限，装什么容器皆可，“毋意，毋必，毋固，毋我”；其德，“盈科而后进”，能平天下之不平，再往前走。真是“厚德载物”，故曰“上善”。以证严之行，可谓上善，在其境界而言；如孔子如此行为，则小焉者也。

深入，好好坐着想，就通了；通了，才能成事。“其命维新”，当下即能解决问题。

你们的智慧不低，但是学习习惯不良，无彻底学会，所以学二十多年的英文，既不会说也不会写。人必要有好奇心，才能求知、进步。读书不求甚解，皆陶渊明的徒弟！我不然，就求甚解，把每一字皆深解。“无上甚深微妙法，百千万劫难遭遇。我今见闻得受持，愿解如来真实义”，求甚解，才能得微妙法。

我每天必读一卦，散步想到就写。学问就是这么来的，必随时带纸条、笔，随时随地想、写，捉住刹那间的灵感。拉架子作文章，绝对作不好。

定，一部功夫，自“知止”来的。如做学问，学问以外的事皆不谈，不到发疯，就没有境界。台籍同学必要有一两个发光作盐的。每个人必要有专学，才能到境界。研究院，要取天下之才，不招废才。

中国学问真是一贯，始乎无端，元也。你们什么滋味都没得到，故食而不知其味。同学如不能成事，是呆子。最难的是有勇，但也不可以有勇无谋。见《孟子》谈“养勇”之章。

我选管子、晏子、商君三子，因此三人乃实际政治家，调整商君，前二子近乎儒家，但不易读。

读书得如参禅，必要有静的心，不单有定力而已。知止，而后有定、静、安、虑、得。政治家必有天才，非人力所能为，亦非学得的。妄想，非志。王永庆，天才商人。做事业是直线条，政治可非易事。

我非思想家，亦非学者，出身即是打游击的，你们想学，办不到！

数战则士罢，数胜则君骄。夫以骄君使罢民，则国安得无危？故至善不战。

“数战则士罢，数胜则君骄”，政客，无知之骄，以“骄君使罢民”，焉能无危？

“至善不战”，善战者，不战而屈人之兵，《孙子兵法·始计》:“不战而屈人之兵，善之善者也。”

妄想家能是政治家？我举卖豆浆之例，所言虽浅，但乃颠扑不破的真理。根据一原则可以推演，放诸四海而皆准。

圣人绝不和人捉迷藏，所写绝对白话，只是语法古今不同。

其次一之，破大胜强，一之至也。

“一之至”，“壹戎衣（殷）而得天下”（《中庸》），仅次于至善。

提“以兵力逼其交出政权”，书呆子之言，没用！

刚开始字少，慢慢逼出。每字皆有深意，必懂怎么用思想。

管、晏实开儒家之先河，其后一代比一代坏。

乱（治）之不以变，乘之不以诡，胜之不以诈，一之实也。近则用实，远则施号。

古时，号与令有别。

力不可量，强不可度，气不可极，德不可测，一之原也。

“一”，纯亦不已，纯粹。

众（终，止）若时雨，寡（速）若飘风，一之终也。

“众若时雨”，“众”，通“终”；终，止也。

“止若时雨，速若飘风”，终若时雨，大家感到需要，宋江外号“及时雨”。

悟其所以，才能有所得。人要有责任感，则天天忙不过来，会有时间观念。有戒条：今日事，今日毕。

你们生逢盛世，应发挥己之大能。二十世纪战争多，小国无太平。二十一世纪已无人想要战争。

康熙，“德”与“智”皆足，圣祖仁皇帝，孤儿，自幼由祖母（孝庄太后）养大。读书必得明理，女人更需要读书。

泡一壶茶，玩味之，比吃花生米香。何以三千年前的中国人有如此高的智慧？

利适（敌），器之至也。用敌，教之尽也。不能致器者，不能利适（敌）。不能尽教者，不能用敌。不能用敌者穷，不能致器者困。

“利敌”，即胜敌。战器比人好，“器之至也”。

“用敌”，更为重要。敌能为己所用，此《管子》与《孙子》所言全不同。《管子》用“教之尽”，《孙子》则用“重金”。

"教"的最高作用，自人性入手，"修道之谓教"，用人性启发敌人。问："为何而战？为谁而战？"内战停止了，绝不为一帮官迷而战。

熊十力否定六经。我认为不能都不要，合乎人性的要。"学而时习之"，率性，我们的口号——"道正率性之元"。不能发挥人性作用的，就不能要。人性至高境即"孝"，孝为德之本，教之所由生也。

《孝经·开宗明义》"仲尼居，曾子侍"，"居"，居也，即日本人的跪。"子曰：先王有至德要道，以顺天下，民用和睦，上下无怨。"顺天下，因率性之谓道，故曰顺，不说"训"。

奉元，从头开始。奉元书院招书，有价值者为其出版，有问题则论辩之，愈辩愈明。必要懂得怎么用智慧。读书，要发生问题；懂得生疑，然后解疑。

利令智昏，常忘了认识自己，不知自己是否那块料。

远用兵，则可以必胜。出入异涂（途），则伤其敌。深入危之，则士自修。士自修，则同心同力。

必要懂得制造危险环境，使其自修；"士自修，则同心同力"。此乃领导群众之方。

你们太呆！今后同学，没有著作则不承认。喜什么做什么，绝对有成。

善者之为（治）兵也，使敌若据虚（没有对象），若搏景（影）。无设无形焉，无不可以成也（如入无人之境）。无形无为焉，无不可以化也，此之谓道矣。若亡而存，若后而先，威不足以命（名）之。

“无设无形、无形无为”，此用兵之道。《孙子兵法·虚实》：“兵无常势，水无常形，能因敌变化。”

“若亡而存，若后而先”，《论语·泰伯》云“有若无，实若虚”，威武不足以名之。

有志固然重要，但可不一定达目的，必要有智慧。成功之路，中间不知几经惊险，必要以智化解。

熊十力由佛转回儒，绝对是对的。

把读书当消遣，随时都可以看，乐在其中。有了形质，可据此发现无穷的意境。到任何地方，看一东西要深入。身无所许，则乱跑乱窜，否则必稳扎稳打。

有些人的水准如此，如何成大事？我为你们举哀。人要不怕死，没有不成的事。

“苟有形质，犹可即而求之”（《人物志·九征》），自片纸只字，亦可发现很多。一字落人手，即形质，人可据此了解许多。

快快自教育入手，必要改造，否则没有希望。

政治家调和鼎鼐，自身清如水才能调和五味。连人情亦不懂，否则何以不能忍耐？说对，亦不能以话立世；说不对，却不能废，姑息养奸也。

孔子说“吾不试，故艺”，“不试”，不为世所用，“吾少也贱，故多能鄙事”（《论语·子罕》）。

在台无一为文脱俗者，就那几个题目，争相效颦。学文史，就应作“文之演变”，文，政治家，文的历史演变。

《尚书·尧典》“钦、明、文、思、安安”，“钦”，敬己行事，与“明”为两个功夫；明德，生生不息，终始之德。人，明性之德，发明家可以研究在此。人的智慧无止境。自真理认识。

《尚书·尧典》：“若稽古帝尧，曰放勋，钦、明、文、思、安安，允恭克让，光被四表，格于上下。克明俊德，以亲九族。九族既睦，平章百姓。百姓昭明，协和万邦。黎民于变时雍。”即“文”的成效。

《论语·学而》：“弟子入则孝，出则弟，谨而信，泛爱众，而亲仁。行有余力，则以学文。”此为高的修养。人人皆有文，“贤者识其大者，不贤者识其小者”（《论语·子张》）。

何谓思？君子有九思：“视思明，听思聪，色思温，貌思恭，言思忠，事思敬，疑思问，忿思难，见得思义。”（《论语·季氏》）“学而不思则罔”（《论语·为政》）。

文、思，都够境界了，则天下安安，“安无倾”。尧为文祖，政治家的祖师爷。我要亲手写《尚书》，将之变成立体的中国传统政治学。成立“文史研究院”，不同于一般大学的文史系。要创学，奉元反对战争。

从《尚书》二典，到《礼记·礼运》:“大道之行也，天下为公。选贤与能，讲信修睦，故人不独亲其亲，不独子其子，使老有所终，壮有所用，幼有所长，矜寡孤独废疾者，皆有所养。男有分，女有归。货恶其弃于地也，不必藏于己；力恶其不出于身也，不必为己。是故谋闭而不兴，盗窃乱贼而不作，故外户而不闭，是谓大同。”孔子是大道学派，仲尼尚公，“大道之行也，天下为公”。

文的演变，从尧至“文革”。今后要干什么?

《孟子·尽心下》:“民为贵，社稷次之，君为轻。是故得乎丘民而为天子，得乎天子为诸侯，得乎诸侯为大夫。诸侯危社稷，则变置。牺牲既成，粢盛既洁，祭祀以时，然而旱干水溢，则变置社稷。”

《春秋繁露·俞序》:“霸、王之道，皆本于仁。仁，天心；故次以天心。爱人之大者，莫大于思患而豫防之。”

我对子书之排列:道、儒、墨、农、名、法、兵、医、杂、刑。

自有文,后面就跟着刑。我讲子书,与别人不同,强调“学而时习之”。以名家锻炼脑子。

学会的纪念日——“8·14”，八国联军进北京的日子，中国人之耻！“八夷猾夏百年祭”，2000年国耻纪念。

“9·3”（中国以9月3日为抗战胜利纪念日，1945年8月15日日本天皇宣告无条件投降），是抗战胜利、日本投降纪念日。抗战胜利，曾几时，山河变。就其形质求何以故？此亦文史，文的变革。中国人尚文，谁也斗不过。我的“文史研究院”，要独领风骚。

办杂志不难，文章难！会为文？用脑子的地方太多了，必要有好奇心。许多糊涂话，不知所云。太低了，不可同日而语。读书，可以“日知其所无”，乐在其中。

以一个公式推演，可以知将来。

有无脑子？想接奉元书院！本不立，想达成功，未之有也！团体必以诚信为本，“君子务本，本立而道生”。

《中庸》“恐惧乎其所不闻，戒慎乎其所不睹。莫见乎隐，莫显乎微，故君子必慎其独也”，已至至高之境。圣之时者，自“学而时习之”来的。

“安治”，此“治”为名词，即安于太平。

言伐笔诛。慈济，钱来得容易，近乎浪费，有失俭德。杂志非同《圣经》，何必用那么好的纸！一叶落而知秋！好名者必作伪，不能到彼岸。

管子的长处何在？他何以成功？同志，谁先死、谁后死，早决定了！三人就强齐，如鼎，缺一脚不可，彼此知心。管子，就在知心。学《管子》，要懂得知心。“二人同心，其利断金”，三人同心，就“乃其仁，乃其仁”了！学《管子》，找几个知心朋友，就能成事业。

懂得“况”，就够了。《春秋》曰“况”。

你们一举一动不够格，下贱！民没强，焉能强兵？

七十多就乱到底，看其表情！可知台湾有些人的人性。在外国所见所识尽是些什么？

青岛，建筑之博物馆。

1896年，俄国太平洋舰队借口越冬，驻泊胶州湾，试图建立海军基地，终未果；同年12月，德国正式向清政府要求租借胶州湾被拒。1897年11月14日，德国以巨野教案为借口，出兵在青岛湾登陆，并将其占领。1898年3月6日，中德两国签订《胶澳租借条约》租借胶澳及其周边地区99年，建自由港、筑山东铁路，此举为西方列强在中国划分势力范围开创了先例。1899年10月12日，德皇威廉二世下令设租借地“首府”，命名为“青岛”；当月，中国划界委员于希杰、彭虞孙与德方勘界委员罗绅达订立《胶澳潮平合同》和《胶澳边界合同》，青岛作为一个城市正式诞生。政府高价收购并拆除原来的中国村落，斥巨资按照其都市计划新建了一个完全德式风格的现代化港口城市，奠定了当今青岛的城市格局和建筑风貌的基调。

北戴河，昔皆外人居住。

北戴河濒临渤海湾，是河北省秦皇岛市的一个市辖区。清朝光绪年间，许多住在北京的外国人要求在这里建造别墅。清光绪二十四年（1898年），清政府正式将北戴河开辟为“各国人士避暑地”。1938年，已有别墅七百多栋。其后及今，一些大型单位在北戴河又新建了很多疗养院。并在此召开一些有影响的会议，因此北戴河又具有了一定的政治含义。

出卖团体，奸种！心理变态。中国共产党把国家弄强了！人都忽略现实，百年后可能崇拜毓子。

设若民进党三人能学《管子》，则成“后生可畏”，可惜只是桶饭的。兰屿都要自治，不能收复，还要逼其交出“政权”，真笑破人的肚皮！

法家的正天下观，《管子·七法》：

“正天下有分：则、象、法、化、决塞、心术、计数。

“根天地之气，寒暑之和，水土之性，人民、鸟兽、草木之生，物虽甚多，皆均有焉，而未尝变也，谓之则。

“义也、名也、时也、似也、类也、比也、状也，谓之象。

“尺寸也、绳墨也、规矩也、衡石也、斗斛也、角量也，谓之法。

“渐也、顺也、靡也、久也、服也、习也，谓之化。

“予夺也、险易也、利害也、难易也、开闭也、杀生也，谓之决塞。

“实也、诚也、厚也、施也、度也、恕也，谓之心术。

“刚柔也、轻重也、大小也、实虚也、远近也、多少也，谓之计数。

“不明于则，而欲出号令，犹立朝夕于运均之上，担竿而欲定其末。不明于象，而欲论材审用，犹绝长以为短，续短以为长。不明于法，而欲治民一众，犹左书而右息之。不明于化，而欲变俗易教，犹朝揉轮而夕欲乘车。不明于决塞，而欲驱众移民，犹使水逆流。不明于心术，而欲行令于人，犹倍招而必拘之。不明于计数，而欲举大事，犹无舟楫而欲经于水险也。

“故曰：错仪画制，不知则不可；论材审用，不知象不可；和民一众，不知法不可；变俗易教，不知化不可；驱众移民，不知决塞不可；布令必行，不知心术不可；举事必成，不知计数不可。”

《管子·明法》：“下情求而不上通，谓之塞。”“塞”，阻塞，不通，要打通，决塞。

儒家的正天下观:《大学》“定、静、安、虑、得”“格、致、诚、正、修、齐、治、平”。

佛家“照见五蕴皆空，度一切苦厄”。《心经》译得好，无一句空话。

学会的宗旨：秉大至之要道，行礼运之至德。通志除患，胜残去杀。智周道济，天下一家。强德未济，复奉元统。

“元统”，大一统，大一始。总统，总其始者。一元复始，地雷复，“复其见天地之心乎”。

“强德未济”，自强不息，厚德载物。既济，都当位了，但仍“以未济终焉”，告人不必自满、知足。未济终焉，天下事无达百分，还必继续干，故曰“复奉元统”。

“首出庶物，万国咸宁”，“首”，元首；“万国咸宁”，天下平。“大一统”，指新王，犹有王者。“成公意也”，元统，群统。

《易经》“蒙以养正，圣功也”一句话，包含《春秋》。养正，养性命，“各正性命，保合太和，乃利贞”（《易经·乾卦》）。圣功，拨乱反正，归正。一部《春秋》即拨乱反正，尧舜所乐道者也。

《春秋公羊传·哀公十四年》：“春，西狩获麟。”《传》曰：“拨乱世，反诸正，莫近诸《春秋》，则未知其为是与？其诸君子乐道尧舜之道与？”何休注：“道同者相称，德合者相友，故曰乐道尧舜之道。”

养正的结果，“致中和，天地位焉，万物育焉”。《中庸》与《大易》相表里。

有如此丰富的智慧，犹不敢认祖归宗，竞相讲康德！二十一世纪另辟天地，发掘祖宗留下的真智慧。自光复以来，五十五年中，我忙于“长白又一村”，无空想师母。反对战争，无人想要儿子、丈夫去作战，连蚂蚁都惜命，况人乎？

孔、孟不足以包括中国所有的学问。称“夏学”，指古人的成就而言，中国人智慧的产物皆接受，不否定古人的成就，“宪华夏之令典”。但不接受古人成就，故要“奉元”，即从头开始。

称“道儒”，道在前；“儒道”乃皇帝钦定的，非孔子的本意。元始天尊，出自《易》“大哉乾元，万物资始，乃统天”，是道教最高神。

罗东的梅花湖，有一台湾最完整的庙，不许烧冥纸。道教总会，每年两个庙会。

《易》曰“象”，《春秋》曰“况”，即“比”。讲了，多半是没有象（相），没有规矩不能成方圆。

自己想，谈何容易？熊十力“用心深细”。我再十年，必有继承人。必要有智慧，悟其所以然。

人必有志，有志非负担，随时随地做。我做事，不成功绝不许说，做了不说。中国文化必须发扬。读一辈子书，无一系统思想，岂是读书？

对任何事，皆不可掉以轻心。最可笑的是不自知，“知之为知之，不知为不知，是知也”（《论语 · 为政》）。